いいもの
いい人
いい暮らし

思うは招く――未来をつくる社長の言葉

桜井 道子

三和書籍

まえがき

『いいものいい人いい暮らし　思うは招く―未来をつくる社長の言葉』と題する、個性あふれる二十七人の経営者の熱い思いが語られた本書の刊行を心から喜びたい。

この書物のまえがきを引き受けるにいたった経緯からまず述べたい。ご縁は、今回の出版のプロデューサーであり、かつ名インタビュアーでもある桜井道子氏からいただいた。同氏とは、一昨年の十月、私の勤務先である立正大学で開催された、第十六回東京中小企業家同友会研究集会でお会いしてからのお付き合いである。先の研究集会は「十年後の東京と経営を考える」というテーマのもとに中小企業経営者が多数集い、さまざまな業種とその経営について経験交流を行うとともに、十二にもおよぶ分科会で熱い議論が繰り広げられた。この第十六回研究集会で特筆すべきは「東京――ある企業家の最後の選択」と題する、会員による中小企業家劇の上演である。

当日の模様は多くのメディアに取り上げられたが、経営者みずからが舞台に役者として立ち、日本の企業社会の来し方を顧み、行く末を危惧し警鐘を鳴らすというこの企画は、今までにはなかった試みであり、多くの経営者や観客に感動を与えた。研究集会とこの公演には産学交流の趣旨を受け、私もまた端役をいただいた。桜井氏とは同じ舞台に立った仲間でもある。

私の勤務先である立正大学経営学部は、研究集会が開催された平成十九年に、学部の開設四十周年を迎えた。設立当初から産学の交流は学部の研究と教育の柱の一つである。学術研究が時として陥る現実との接点の喪失を取り戻し、企業と経営が当面する問題を、教師と学生が共有するためには、企業の現場で格闘する経営者の生《なま》の声は大学教育にとって極めて重要である。

現在わが大学には「経営総合特論」と称する、教員以外が担当する講座が三つある。一つは大手いわゆる一部上場企業のトップないしはミドル・マネージャーを講師とする講座。一つは大手証券会社の名を冠する講座。そしてもう一つが、東京中小企業家同友会の協力のもとに、中小企業の経営者を講師とする講座である。この間、三つの講座に私はその運営の責任者として関わってきた。本書に登場する経営者にも、講師として教壇に立っていただいている。いずれの講義においても、準備段階から本番の講義さらには反省会と、皆さんの努力と熱意には頭が下がる思いをしている。

先ほど紹介した研究集会の舞台や、大学の講師として教壇に立つことのいずれもが、「本業の企業経営の合間での活動は、経営者としては貴重な時間の浪費ではないのか」と心配しつつ、また他方では「そのエネルギーはどこから生まれてくるのか」と疑問であった。

経営者、とくに中小ないし零細と呼ばれる企業の経営者の生き方は多様であり極めて個性的であり、そうでなければその存在の意義が失われる。舞台に立って経営者として社会に発信すること、教壇に立って学生に対し企業活動を語ることは、経営者にとって、人生のすべてを語ることである。数多くの経営者の方々とお会いするうちに、大企業や大組織の管理職ではなく、中小の事業経営を選択した経営者の自負と誇りこそが、あのエネルギーの源泉だということを今知るにいたった。

二十七人のインタビュー記事についてはさまざまな見方と感じ方があろう。しかしながら私は、本書をあえて「経営者人生論」として読ませていただいた。企業経営という流転極まりない舞台で、自分と従業員、その家族の一生を背負ったひとりの人間の誇りと悩みに、共感と感動を覚えつつ、このまえがきを書いた。

二〇〇九年三月

立正大学産業経営研究所長　　秦野　眞

目次

まえがき　立正大学 産業経営研究所長　秦野 眞　i

第1章　思うは招く――植松 努　1

思い描くことができれば、それは実現できる　植松電機（株） 専務取締役　植松 努　4
北の町工場、宇宙を目指す！

第2章　志は熱く――創業者　17

経営力とは、時代を見る目！　スタビライザー（株） 代表取締役　阿部 敏夫　20
会社の実力とは、
社長よりも優秀な社員が何人いるかだと思います

会社のステータスとは独自のブランドを持つこと　（株）関東消防機材 代表取締役　植松 信保　28
お客様の笑顔と社員の自己実現をめざしたい

デザインは人を元気づけ、勇気づけ、
そして夢を与えるもの
デザインを経営資源に！
(株)ベーシッククリエイティブ 代表取締役 片桐 敏雄 36

昭和レトロビジネスのトップランナー！
日本の元気の源を求め続ける仕掛け人
(株)サンライズエンターテイメント 取締役会長 久保 浩 44

役者の経験を経営力に生かす
社員ひとりひとりの人間力アップを！
(株)アークビルサービス 代表取締役 田中 正吾 52

社員とともに、小さくても輝き続ける会社づくりを！
新卒定期採用で社風が変わった！
(株)ウェルネス 代表取締役 長澤 眞也 60

徹底した品質管理に取り組み、
オンリーワンの技術を提供！
立体駐車場の設備工事を軸に創業三十年
(株)ニエカワ設備 代表取締役 牲川 忠夫 68

武士道とは勝つことと見つけたり
企業は、何のために戦うのか、それを明確にすることです
(有)ぶしどうマネジメント 代表取締役 濱本 克哉 76

絵コンテ業界トップを走り続ける熱き経営者
退路を断つことから始まる成功への道！
(株) アクア 代表取締役 原田 弘良 84

視覚障害者の情報バリアフリーをテクノロジーで支援！
自らの体験を生かす
(株) アメディア 代表取締役 望月 優 92

第3章 受け継ぎ、そして新しき道へ――事業継承者 101

小説家を目指した文学青年が経営者へ転身！
治療から予防へ、歯科医院の経営をサポートし、明るい医療の明日を創ります
(株) コムネット 代表取締役 菊池 恩恵 104

悪戦苦闘の事業継承！
社員が豊かに生活できるための、自己実現の場が、会社だと思っています
インターワイヤード (株) 代表取締役 斉藤 義弘 112

一丁のおとうふからみんなの幸せ
豆腐作りを通して、食文化の大切さを守ります
(有) 原商店 (おとうふ処りせん) 代表取締役 櫻井 忠利 120

創業的後継者として、変化へ対応！
お客様第一主義でGood Companyを目指します
（株）第一製版 代表取締役 竹ノ上 蔵造 128

商いは、子孫より預かりしものなり
家訓を大切に、債務超過からの脱出へ、十四代目奮闘中！
（合）若竹屋酒造場 代表取締役 林田 浩暢 136

人の一生は重荷を負ひて遠き道をゆくが如し
全力疾走し続ける
〝DNAから包材商〟二代目社長の人生哲学！
イオス（株） 代表取締役 村上 光 144

お客様の幸せ作りに貢献できる工務店
「思ったより良くできている！」を創り出すことが仕事です
（株）湯建工務店 代表取締役 湯本 良一 152

第4章 育み生かす——女性経営者 161

インターネットでの情報を活用して鹿児島から事業の活性化を！
日本一わかりやすいIT講師を目指します
MINE（マイン） 代表 石岡 美奈子 164

目　次

守りたいもの
それは子どもたちの明るい未来です！
ＮＰＯ法人かものはしプロジェクト
共同代表　**村田　早耶香**　220

システム作りに思いやりを！
お客様の満足と社員の幸せを両立する経営を目指します
（株）ヒューマンシステム
代表取締役　**湯野川　恵美**　228

あとがき
ドリームロード
代表　**桜井　道子**　237

略　歴　241

第1章

思うは招く――

植松　努

プロローグ

株式会社カムイスペースワークスの代表取締役でもある植松努氏のインタビューは、大学教育に携わる者として興味深く、教えられることが多い。植松氏は、会社案内の冒頭に「思い描くことができれば、それは現実にできる（Dream can do,reality can do.）」との言葉を掲げられている。NASAの出発点であり、世界最大の技術者集団ラングレイ研究所のゲートに刻まれた言葉だという。

今日、経営者は新たに入社する若者にどのような夢を与え、その実現に向かってどのように指導するのであろうか。植松氏はCAMUIロケットのエンジン開発で若者の宇宙への夢をかき立てながら、同時にその実現のために若者に自己研鑽と自己抑制を要求される。ホームページを開いて知った植松電機株式会社の社員採用方針には「喫煙やピアス、茶髪をよしとする価値観を私たちは持ちません。自己表現は見てくれではなく行動によってしめして下さい」とある。「夢」（dream）と「現実」（reality）を見据えた教育の指針をみた気がする。

秦野　眞

思い描くことができれば、それは実現できる

北の町工場、宇宙を目指す！

植松電機（株）　専務取締役　**植松　努**

【プロフィール】
一九六六年北海道芦別市に生まれる。一九八九年北見工大応用機械工学科卒業後、菱友計算（株）航空宇宙統括部に入社。一九九四年五月同社を退社し、植松電機入社。一九九八年コンクリートリサイクルに関する特許を取得。一九九九年株式会社法人へ改組とともに現職。二〇〇〇年八月同社赤平工場を建設し、同所へ本社を移転。二〇〇六年十二月株式会社カムイスペースワークス（略称：ＣＳＷ）を設立し、代表取締役に就任。
http://uematsu-electric.fte.jp/
http://www.camuispaceworks.com/

❖ 植松電機さんの歴史と事業についておうかがいします。

植松電機は、樺太で自動車修理業を営んでいた植松清治（祖父）と、その息子の植松清（父、現社長）が、北海道芦別市に移住してから始めた電気機械修理業です。

創業者の父、植松清は一九六二年に開業しました。僕は一九九四年に北海道に戻って家業の

手伝いを始めました。親子二人だけで頑張ってきましたが、電気機械の修理の仕事は、炭坑の閉山にともないどんどん縮小していきました。幸い、僕が本州で身につけて来た技能が役に立ち、二〇〇〇年からは、工場を赤平市に移転し、リサイクル用の特殊機器の開発を専業で行う会社として新スタートを切りました。父とたった二人からのスタートでしたが、六年間で社員二十名の会社に成長しました。

❖ 大学で機械工学を専攻されたのは?

小さい頃から飛行機やロケットが好きで、紙飛行機を作ることにのめり込んで、自分で設計して作っていました。でも、そんなことばかりやっていましたので、学校の成績は最低でした。中学校の進路相談で「飛行機やロケットの仕事がしたい」と言ったところ、「馬鹿じゃないの? お前の頭でできるわけないだろう? というか、この町に生まれた段階で無理だわ」と進路指導の先生に言われました。「飛行機やロケットの設計は、東大出じゃないとできるわけがない」と言うのです。

しかし、僕の心の中にいたライト兄弟が「僕たちは東大に行っていないよ」とささやきました。先生の言葉を無視して、僕は飛行機やロケットの勉強を独学でし続けました。でも、周りからは「そんな趣味は無駄だ! 受験に関係のないことをするな!」と言われ続けました。願い叶って希望の大学に進学し、流体力学を専攻しました。そこで待っていた学問は、なんと馬鹿呼ばわりされながらもずっと続けてきた勉強そのものだったのです。おかげで、大学では流体力学で苦労することはなく、多くのことを学ぶことができました。

❖ 菱友計算社ではどんなお仕事をされていましたか？

人材派遣会社とは知らずに入社しました。しかし、偶然にも、日本最大の航空機開発会社に派遣されて、嬉しいことに、自分が小さい頃から憧れ続けてきた航空機設計会社で働くことができました。ここでは、高性能なコンピューターを使用して、空気の流れを数値解析し、その結果をＣＧで目に見えるようにするというような仕事に携わりました。実務の経験も素晴らしいものですが、もっと嬉しかったのは、多くの航空機開発技術者が持つモラルに触れることができたことです。

「十五年先を見た設計をせよ。相手と同じ土俵に乗るな。武人の蛮用に耐えよ」という設計思想をたたき込まれましたが、これは今のビジネスを支える重要な柱になっています。

❖ 植松電機に入られてから、どのような事業展開をされましたか？

最初は、慣れない仕事を父にたたき込まれるので、覚えるのが精一杯でした。仕事は厳しかったのですが、その仕事自体もどんどん減っている現状に不安がつのりました。先が見えず、本当につらい時期もありました。しかし、ちょうどリサイクル市場が成長し始めた時期で、父が細々と手作りしていたクレーン用の小型マグネットが、リサイクル市場で、油圧ショベル用アタッチメントとして注目され始めました。

前の会社で身につけた書類作成能力や特許申請能力を生かし、大きな企業と契約できるようになりましたが、マニュアルの作成やパンフレットの作成も、すべて自分でやらなければならず、これはこれでとても大変でした。

❖ カムイスペースワークスを設立されました経過は？

うちの会社の若い社員たちは、「本を読め」「勉強をしろ」といっても、なかなかやりません。どうやったら勉強してくれるのか、自分で考えて行動できるようになるのか、ずっと悩んでいました。

その頃の年末に、児童養護施設にボランティアで、子どもと一緒に餅つきをすることになりました。事前の注意事項の中に、そこの子どもとは「スキンシップをしてはならない」とありました。その施設の子どもは児童虐待の犠牲者で、大人に触られるとパニックになってしまうそうなのです。新聞やテレビでは知っていましたが、現実にそういう子どもたちを目の当たりにして、ショックを受けました。餅つきを始めて、初めは怯える目で僕らを見ていた子どもたちも、だんだん興味を示し、最後にはおんぶに抱っこ、肩ぐるまままでせがむようになりました。なぜこの子たちは、大人に触られたらパニックになるほどに怯えていたのに、今はこんなに大人とのスキンシップを求めているのだろう……。そう思ったら、いとおしくて涙が止まりませんでした。一体僕に何ができるのだろうか、と真剣に悩みました。社員のこと、社会のことで悩んでいる時に、北海道大学の先生と出会いました。その先生は、爆発しないロケットエンジンを開発していました。「これだ！」と思いました。自分たちで開発できるロケットエンジン！　これしかありません。絶対に手放すものか！　とすがりつき、一緒にやらせてもらえるようにお願いしました。ロケット開発を始めてから、社員たちも、どんどん勉強するようになりました。お金では買えない喜びがあることを知ってくれました。想像以上の効果がありました。この効果を、学校や地域に波及させたいという思いが、このカムイスペースワークス設立のきっかけになっています。北海道に生まれた民間宇宙開発企業カムイスペースワークス「ＣＳＷ」の情報をブログで発信しています。

❖ 一企業が参入するには、宇宙開発はあまりにも壮大なスケールの事業ですが、どのような思いでチャレンジしているのでしょうか？

宇宙開発や航空機の開発は国策で税金を使ってやるようになったのなんて、冷戦時代からですよ。それまでは、単なる物好きなおじさんの趣味の延長でしかありませんでした。ですから、スケールが大きいとか、お金がかかるとか、高度な技術が必要とか、思い込まされている段階で負けです。

CAMUI ロケット

僕らのロケットの主要構造材は、複合材です。その気になれば、ホームセンターで売っている材料で作れます。なぜ飛んでいないのでしょうか？　それは、できっこないと思い込まされているからです。自分が知らないこと、わからないことを、「すごいですねえ、自分には関係ないけど……」と無視してしまう人ばかりだからなのです。僕はこの宇宙開発を手段だと思っています。社会を良くするための手段です。間違っても、宇宙開発は目的ではありません。

僕の目指す良い社会を作るために必要不可

欠な手段ですから、頑張ってやっています。ＣＡＭＵＩロケットのエンジン部の開発をしていますが、現在開発中のものは、推力四〇〇キログラムトン、目標高度六五キロメートルを目指しています。現段階では、燃料形状を変化させながら、最適な形を導き出すために、推力七〇キログラムトン級の実験モデルを製作し、数度にわけて噴射試験を行っている状態です。高度六五キロメートルといえば、気象観測ロケットが到達する高度に相当します。低コストで飛ばせるＣＡＭＵＩロケットの実用範囲は各段に広がります。会社の敷地内に無重力実験施設を作って、騒音が出るロケットエンジンの噴射実験をやっています。中小企業の工場というのは、生産設備であると同時に、研究開発施設でもあるわけです。問題が発生すれば、すぐにその場で修正していく技術が必要不可欠なんです。これこそが中小企業の得意分野です。社員のモチベーションも上がって、他の製品開発などにもさまざまなアイデアが生み出されるようになりました。

❖　どのような経営方針をお持ちですか？

うちの会社の経営方針として、「稼働率を下げる。なるべく売らない。なるべく作らない」を掲げています。「即納！」とか、「安価！」だけが取り柄なんていうのは、無能な営業の結果です。納期を待ってもらえる品質や機能を守れば、「即納！」しなくても良いのです。製品企画も、試験も、営業説明も、販売も、在庫管理も、アフターサービスも、すべて「自分でやった」からノウハウがたまりました。なるべく売らない、なるべく作らないということまでたどり着きました。その次に、稼働率を下げるということを開発しなければなりません。なぜ稼働率を下げないといけなくなったのでしょうか？　それは、学ぶためです。新しいことを知ることが、生産よりも重要だったのです。他人にできないこと、誰もやったことがないことにしか、優位性はありません。では優位性はどうやったら手に入るのでしょうか？　それは、特訓！あるのみです。みんな特訓ということを忘れてしまっているのです。

低い稼働率にして、やったことがない仕事をして新しい能力を手に入れる。これこそが僕たちが目指していることです。低い稼働率で採算をあわせるのは簡単です。それこそ設備投資をすれば良いわけです。良い機械を使えば稼働率を下げることは簡単です。そうすれば時間が生まれます。時間が生まれたらやったことのないことをやればいい。やったことのないことを始めるには、人材と設備への投資を覚悟することです。

❖　大切にしていること、大好きな言葉は何でしょうか？

大事なのは、感動する気持ちです。さまざまな事柄に心を震わせる感性さえあれば、夢はたくさん見つかります。そして、感動できたら、それは実現につながります。なぜなら、感動はローマ字で書くと、「CAN　DO」でしょ！　だから、できるんです。

「思うは招く」――思っていれば、いつか叶うよ、という母の言葉です。

「お金があったら本を買いなさい」は、ばあちゃんの言葉です。

「お金なんて、すぐに価値が変わってしまうものだよ、だから、とにかく本を買いなさい。知識にしてしまえば、その価値は変わらないから」という教えを、今でも大事に守っています。

「Dream can do, reality can do.」思い描くことができれば、それは現実にできます。これは、ＮＡＳＡの門に刻んである言葉です。

❖ これからやっていこうと思っていることはどんなことですか？

今僕がやらなければいけないと思っていることは、これからの日本を支える企業をふやさなければいけないのではないかということです。今いろいろなところで問題が起こっています。その問題点というのは、真のエンジニアの致命的な不足ではないかと思っています。エンジニアといいますと、私は文系だから関係がないと思う人がいるかもしれませんが、僕は、このエンジニアの定義を、先駆けを行く人たちなのだなぁと思っています。より良くするための工夫をする人たち、過去（データ）をベースにして、自ら思考して、判断し、より良くするものを追究していく、モアというものを追究していくいたずらが好きな人たち、これがきっとエンジニアだろうと思っています。これは飲食業であっても、サービス業であっても、営業の仕事であっても、すべての仕事に必要な資質ではないかと思います。
真のエンジニアという表現をしていますが、それは先駆ける人であり、パイオニアであり、まつろわぬ者なのかなぁと思います。蝦夷《えみし》のように大きなものに巻かれない人たちのことです。

❖ 植松さんは、全国を回って子どもたちにロケット教室を開催していらっしゃいますね。

子どもたちは未来の市場です。未来に僕たちが作る製品やサービスを受け取ってくれる市場です。どんなに努力してどんなに素晴らしいものを作っても市場がそんなものいりませんわ！　と言われたらおしまいです。百円ショップで間に合いますと言われたら、そこで終わりです。そうじゃない市場を作らなければなりません。そして子どもは未来に一緒に仕事をする仲間であり、未来に会社を継いでくれる後継者です。たった十年後に社会に出てくるのですから、今からかかわっておけばいいのです。
ロケット教室に参加した子どもたちからたくさん

ロケット教室

の感想文をもらいます。読んでいて、泣けてしまいます。

みんなが、僕の伝えたかったことを、ちゃんと理解してくれていました。中には、「いろんな夢があるけれど、それらに共通することは、人を幸せにすることだと気付きました」という文もありました。おまけに、「その夢を追い続けることを誓います」と締めくくられているのです。誓われてしまいました。涙が止まりません。鋼のハートです。ほっそりとした、やさしそうな女の子が、鋼のハートを誓ってくれたのです。負けてられるわけないじゃない！　嬉しくて。そして、まだまだ頑張らなくちゃって、泣けました。だからさ、大人も頑張ろうよ。

❖ 植松さんの招きたい「思い（夢）」は何でしょうか？

僕の夢である、建設コスト十分の一の建築システム、食費二分の一、大学の授業料がゼロの社会を作るＡＲＣプロジェクト（アーク《虹》プロジェクト）がスタートを切りました。ＡＲＣというのは、アドバンスト・リサーチ・センタープロジェクトのＡＲＣで、また赤平が「虹」を町のイメージとして掲げていますので、その「虹」、また「ＡＲＣ」は天と地上をつなぐ橋とも言われていますので、未来につながる橋になればいいなぁと思っています。

二〇〇八年七月末付けで十三万平方メートルの用地を取得し、十二月には施設建設のための基礎工事もスタートしました。二〇一〇年六月には完成の予定です。この施設は、三百人くらいが宿泊できる施設（ＡＲＣ１）、研修会ができる施設（ＡＲＣ２）、そして研究開発ができる施設（ＡＲＣ３）からなります。まずは学校から。そこで、上記の三つの課題について研究開発を進めます。「思うは招く」です。

家のローンに人生を縛られず、学びにお金がかからず、食べ物を無駄にしない社会です。この夢を実現するためには、自ら考えて行動する人材が不可欠です。その人材は、カムイスペースワークスが、宇宙開発という夢を通して育てるのです。ですから、夢の種として、宇宙開発もしっかりと事業化しなければなりません。「お金という価値だけに支配されない、人間の価値を大切にする社会」そういう社会の構築が、僕の目指す夢です。

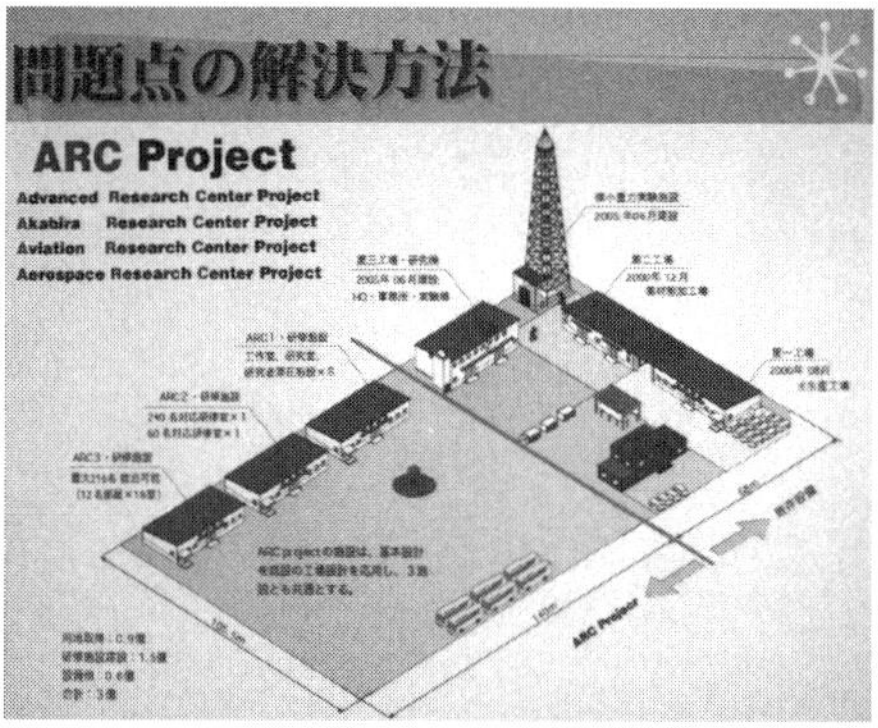

ＡＲＣ　Project

学問も、学歴も、お金も、資格も、すべては、やりたいことを実現するための手段でしかないのに、いつの間にか、本当にやりたいことが見つからなくなって、手段が目的になってしまった今の社会、そういう間違った世の中の価値観を、ボカンとひっくり返したいですねえ。

時代は信じがたいほどの不景気になってきました。今こそ、みんなで力をあわせて、日本人の価値を高める社会環境（すなわち、良い経営環境）を育成すべき時です。「おかしいよね」「へんだよね」「本当はまずいよね」なんて思いながらビジネスをしていてはいけないのだと思います。

今こそ、「よい会社をつくろう。よい経営者になろう。よい経営環境をつくろう」という中小企業家同友会の理念が必要とされます。

でも、一人でできることは、一人分のことだけです。でも、その力をあわせれば、大きな波になります。人は群れを成す生き物です。群れの価値を知る生き物です。だから、みんなの輝きを集め、レーザー光線のように闇を切り裂きましょう。

❖ インタビューを終えて

「お金という価値だけに支配されない、人間の価値を大切にする社会」づくりを目指し、北海道赤平の地から、日本の元気を発信し続けていらっしゃる植松さんの言葉の一つ一つが、私にとっての宝物です。「思うは招く」力強い言葉です。

二〇〇八年六月に、赤平市の植松電機さんを訪問し、童心に戻ってロケット教室を体験させていただきました。今も自宅の居間の棚に飾ってあるかわいいロケットを見る度に、あの時のワクワクドキドキした心躍る感動を思い出します。

第2章

志は熱く――創業者

プロローグ

「はじめに言葉ありき」とは聖書の冒頭のフレーズである。すべての物事にはそのはじめが存在する。企業とて同じであろう。はじめに経営者ありきである。企業家としての才能、哲学、行動力、決断力等々が時には企業を発展させ、また時には衰退させもするのである。中小零細と称される組織の創業者の持つ影響力は、既成の大組織である雇われ経営者と比べればその比ではない。

本書に登場する、十人の創業型経営者の個性は多様であるが、共通する点は「負」を「正」に変える才能ではなかろうか。さらに良い協力者との出会いも共通する。創業者型にありがちな、ワンマンで専制的な経営者像は中小零細と呼ばれる事業経営者の実像ではない。多くの創業型経営者が経験する、逆境を糧に、みずからの人生を経営者として選択した決断と勇気、人間的な魅力が協力者を引き付けるのであろう。

秦野　眞

経営力とは、時代を見る目！

会社の実力とは、社長よりも優秀な社員が何人いるかだと思います

スタビライザー（株）代表取締役　阿部　敏夫

撮影：木下トヲル

【プロフィール】

一九三八年神奈川県横須賀市に生まれる。四歳から山形県山辺町へ。一九五八年山形工業高校機械科に入学。新聞部で活躍。一九六二年専修大学経済学科卒業。専修文学副代表。詩誌『壷』『螺旋』同人。詩集『熟れた一つの不安について』刊行。同人誌で約五年詩作に励む。日本パルスモーター（株）入社。一九六九年日本スタビライザー（株）を先輩と設立。専務取締役就任。一九八〇年スタビライザー（株）を設立。代表取締役就任。

❖ お生まれは山形ではなかったのですか？

実は、横須賀の生まれです。どこか垢抜けていると思いませんか（笑）。男ばかりの四人兄弟の二番目です。父親は職業軍人で、とても厳格な人で、疲れた、眠い、痒い、痛いなどと愚痴は一切言わない人でした。そういう父親に育てられましたので、私も疲れたという言葉は十

年に一度くらいしか言いません。両親の実家が山形ですので、戦争が激しくなって、母親は私たちを連れて実家に疎開して、山辺町に居ついたというわけです。四歳から山形で育ちましたから、出身は山形ということにしています。母親は、夫が職業柄いつ死ぬかわからぬ身であると覚悟していた潔い母親でした。もし私が明るいところがあるとしたら、それは母親似ですね。そして、沈着冷静なところがあるとしたら、それは父親似ということでしょう。

❖ **将来はどんな仕事をしたいと思われていたのでしょうか？**

高校進学の時に父親が病気になり、その時の環境では、山形大学教育学部に行って教員になる道しかありませんでした。閉鎖的な町で教員になるという、自分の一生が計算できるような人生はいやでした。そこで工業高校で一番難しいと言われた山形工業高校機械科に進みました。

高校卒業後、東京で就職をして、大学進学のために二年間お金を貯めました。第一志望は都立大で、専修大学は滑り止めでしたが、先に合格した専修大学に入学金を払ったら、資金が底をつきました。大学には、アルバイトをしながら通いました。

❖ **その後、どういう会社に入られたのですか？**

吉沢精機工業（現、日本パルスモーター）という中堅の会社に入りました。営業として、受注ノルマはほとんど達成していて、二十人ほどいる営業の中でトップになったこともありました。それでも給料は二万円、結婚したばかりの妻より少なかったのです。そんな状態の中で、先輩から、自分たちで独立して仕事をやろうと勧められて、三年でその会社を飛び出し、昭和四十三年に二人で日本スタビライザーという計測器・電源装置の製造会社をつくりました。

始めたはいいのですが、全く受注が取れません。優秀社員として表彰された先輩とトップ営業マンの私とで、なんで取れないのかと思ったのですが、信用が無かったわけです。はじめて、会社の看板で仕事をしていたのだと気づきました。やがて日野自動車の子会社から八十万円の仕事が取れて、その仕事を徹夜でやりました。そのころからやっと仕事が回りだし、一年目の年商が三百万円、二年目は二千万円、これでまともに給料をもらえるようになりました。三年目で、五～六千万円、八年目で、八億六千万円になり、社員が百人になり、名古屋・大阪・宇都宮に営業所を構えるようにもなりました。

私は、営業部長で工場長も兼務して、寝る暇も、土日も無く働きましたが、好きなことなので疲れは全く感じませんでした。ところが、儲かってきたら社長が不動産に手を出し始めました。私は、従来からの電気機械の仕事をやり続けたかったのです。すると、社長は会社の株を売ってしまいました。そこで、昭和五十六年にスタビライザーをつくり、部下を二人連れて独立しました。

❖ 独立されてうれしかったことは何でしょうか？

その新しい会社に、私も入れてくれと言ってきた人がいました。なんとその人は、一部上場企業の電気会社の研究所長をしていた理学博士の魚住さんという人でした。そんな偉い人を雇える余裕はありませんので、そう伝えますと、魚住さんは「お金じゃあない、あなたと仕事がしたいのだ」と言いました。私の一番の贅沢は、魚住さんを社員にできたことです。会社の実力とは、社長よりも優秀な社員が何人いるかであり、自分より優秀な社員がいないと会社は発展しないと思っています。

魚住さんと二人で、多くの特許を取得していきました。一九八八年には、「H_2Oを利用して多段階プラズマにより機械的エネルギーを取り出す方法」という特許を世界五カ国で取得しました。この特許の目的は、排気ガス公害（窒素酸化物NOX等）の完全排除、石油資源の節約です。この時代が、私にとって、お金や会社の規模とは関係なく一番充実した時期でした。

この頃は私も技術者として、日本電子機械工業会で技術委員をして、ＪＩＳ規格の制定にもかかわっていました。この制定委員は、ほとんどが大企業の人で、小さい会社の人間は私ひとりくらいでした。委員のメンバーから「えらく自信を持っていますね」と言われたこともありましたが、自信を持っていたわけではなくて、若い頃からやっていた仕事でしたから、相手がどんな会社でしょうと、引け目を感じることはないということです。人の価値というのは、肩書きを外したところで、その人に何が残るかだと思います。日本電子機械工業会で技術委員や、ＪＩＳ規格の制定にもかかわりました。

また発展途上国中小企業研究講師（アジア経済研究所）、群馬県工業高校教員夏期研修講師などをつとめ、一九九二〜二〇〇三年には富士短期大学（現、東京富士大学）の経営学科特別講座講師もつとめました。國學院大學経済学部小越ゼミ特別講師は今年で五年目になります。

❖ スタビライザーという社名の由来は？

スタビライザーには、「安定させるもの」という意味があります。電圧や電流を一定化させる高精度の装置をつくっている会社です。企業理念は、「技術を通して、安心で社会の貢献をする。社員の個性を伸ばす」ということです。

一九八〇年代、安定化電源装置は新しい事業分野でした。大企業は面倒で手を出さない、そういった仕事でした。

まだ会社を始めて資金も無く、東京の地方銀行に貸付を頼みにいったら、話を聞いてくれて、二千万円を無担保無保証で貸してくれました。ベンチャーローン第一号だったようです。当時は銀行が銀行らしい仕事をしていた時代で、決算書を見て貸すのではなく、人を見て、その会社の将来性を見て貸してくれました。銀行に企業を育てる使命感があった時代でした。

製造業は設備投資が大きく、大量生産に対応しない当社のような会社は、大量生産・価格競争の市場で戦っていくにはリスクが大きすぎます。そこで、大企業との共同研究に力を注ぎました。ところが、その研究も途中で打ち切りになり、しばらくたったら商品化されていた、なんていうことも、何度もありました。新しいことを命がけでやってきた私たちとしては、ずいぶんと悔しい思いをしたものです。

❖ 現在、会社運営はどのようにされていらっしゃいますか？

子どもが事業をつがないとわかった時から、社員を独立させていき、製造部門はできるだけ縮小してその独立した人たちに外注として仕事を出すようにしています。

よく「小さくてもオンリーワン企業」が生き残りのキーワードのように言われますが、それでもやっていけないこともあります。また、自社ブランドや技術力だけでも生き残っていくことは難しい時代になっています。生き残っていくためには、変化に対応できる力が必要だと思います。

❖ 阿部さんは大変な読書家でいらっしゃいますね。

若い頃詩を書いていました。大学に入ってからは、文学研究会に入り副代表になり、『専修

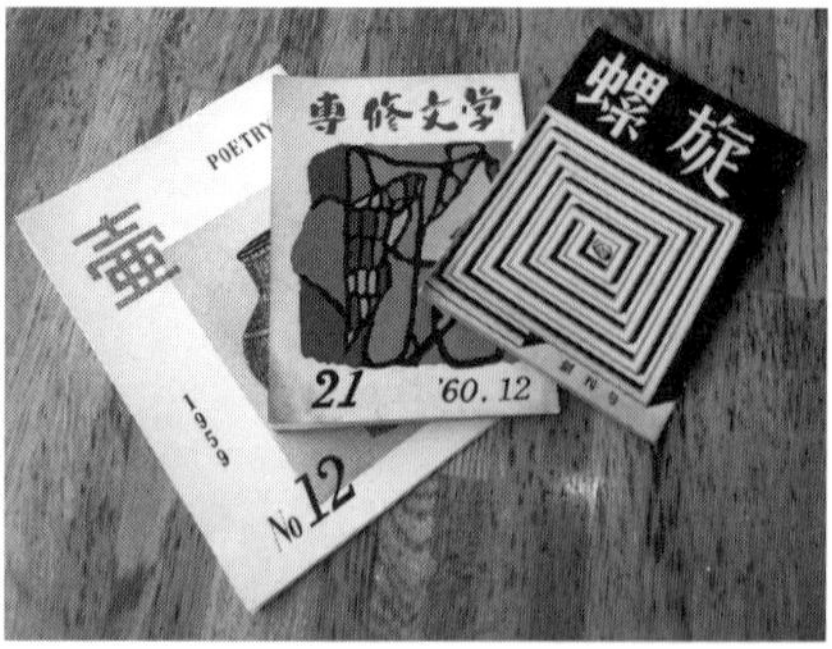

阿部氏の詩を掲載した同人誌

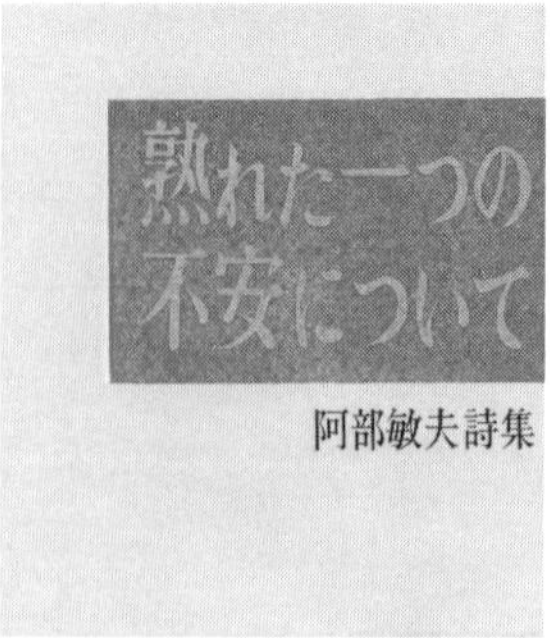

1962年発行の阿部氏詩集

文学』の編集長もやりました。先輩から誘われて『壷』『螺旋』という同人誌に入りました。私は読書が好きで、毎月十五冊ほどの本を読んでいます。ほとんどが小説で、初版本しか買いません。なぜ初版にこだわるかといいますと、その本の評価を自分で決めたいのです。家には四千冊ほどの蔵書があり、その本のために、重量鉄骨の家に建て替えました。

私の好きな作家は藤沢周平、北方謙三です。この二人の作品は何冊読んでも飽きません。一冊がせいぜい千五百円から二千円です。ちょっと何かを我慢すれば買えます。その本の中の一ページでも自分にとって心に残ればいいと思います。

❖ 阿部さんは吉良上野介について、独自の解釈をお持ちですね。

忠臣蔵は事件後四十年たって、人形浄瑠璃や歌舞伎の「仮名手本忠臣蔵」という演目になりましたが、当時事実を正確に知っている人はいなかったと思いますよ。映画でも吉良が悪役として描かれていますので、みなそう思っています。実際の吉良は名門の家柄で、ハンサムで知的教養のある人でした。吉良は、今で言えば優秀なコンサルタントであり、名コーチだったわけです。浅野はそのコンサルタントにただで教えてもらおうとして、接待費を使わなかったわけです。それでは吉良も怒りますよね。それを浅野は恨んで刃傷に及んだわけですが、浅野は吉良に後ろから斬りつけています。これは武士として卑怯なことです。赤穂浪士も、殿様のあだ討ちであれば、すぐに正々堂々と決行すればよかったのに……私から見れば、あれはテロ集団そのものだと思いますよ。歴史、史実を繙いて自分で考えてみますと、違ったものが見えてきます。これも読書の楽しみの一つですね。

❖ インタビューを終えて

山形をこよなく愛し、文学を愛する永遠の青年、笑顔の底にある、人生を切り開いてきた強さと人としての温かみ、そして時代を見据える鋭い洞察力を感じました。

阿部さんがお書きになるものの研ぎ澄まされた表現から、季節の香りの高さ、事象に対する冷静な観察力、温かい人間力が伝わってきます。

会社のステータスとは独自のブランドを持つこと

お客様の笑顔と社員の自己実現をめざしたい

（株）関東消防機材　代表取締役　植松　信保

【プロフィール】
一九四一年八月中国の自治領になっている内蒙古のパオトウ市に生まれる。中学校卒業後、トランジスタラジオの製造会社に就職（現、ＳＯＮＹの前身である東通工がトランジスタを市場に供給していた頃）。その後、貿易会社を経て、防災関係の会社の営業として入社。二十三歳で独立、関東消防機材を創業。一九七六年株式会社関東消防機材設立（資本金五百万円）。一九九五年資本金千五百万円に増資。一九九八年東京都北区豊島に新社屋取得、現在に至る。
趣味は、囲碁、ゴルフ、美術館めぐり。老犬二匹が天寿をまっとうし、三人の子どもたちも独立、ただいま喧嘩相手？　の妻と同居中。
http://www.bousaiya.co.jp/

❖ お生まれはモンゴルですか？

中国の自治領になっている内蒙古のパオトウ市で外科医師の次男として産声を上げました。敗戦により日本人の逃避行一団の中で日本にたどり着きました。一九四五年八月十五日、在留の日本人家族は二時間以内に荷物を纏めて大同の駅に集合するよう軍の緊急命令があったそうです。その時の父は医師として別の町に勤務していたため、母一人で六人の子どもたちを抱えての逃避行は、言葉に尽くせない苦労の連続であったようです。その途中、母が肺炎で他界しました。残していく子どもたちの行く末を案じた母の気持ちはいかばかりかと、今でも胸を掻きむしられる思いです。後を追うように一番下の妹が栄養失調で死に、一番上の姉はその妹を背負い、四人の弟、妹たちを連れてやっとの思いで引き上げ船に乗り込みました。日本に帰り着いたのは終戦の日から約四ヵ月を過ぎた十一月の末だったそうです。私たち兄弟は、翌々年に父が帰国するまで、それぞれ親戚に預けられ過ごしました。日本国中が食糧難の大変な時期で、良くぞ我々兄弟を迎え入れてくれたものと、親戚の方々には感謝の念でいっぱいです。

❖ 防災関係のお仕事を始められたのは、どのような経緯があったのでしょうか？

当時、私が勤務していた会社はトランジスタラジオ製造の草分けだったのですが、まだまだ経営的には難しく、業績不振で商品であるラジオを社員に支給し、それを売って給料の代わりにする等という乱暴なこともありました。次に転職した会社も倒産しまして、三畳一間の友人のところに転がり込みました。その友人いわく、「営業はいい仕事だよ。とにかく朝、会社から外に出ていれば給料が貰えるのだから……」そうか！　と思い、池袋の職安に行きました。現実はそんなに甘いものでありませんでした（笑）。意気消沈して職安前の公園のブランコに乗っていたとき、中年の女性が声をかけてくれました。それが防災関係の会社の奥さんだったのです。僅かな基礎知識の研修の後、その会社の営業として無我夢中で働きました。当時は住宅難で、アパートの建設ラッシュの中、消火器が面白いように売れました。奥さんも良くしてくれました。その心遣いは、今の当社の経営にも生きています。バイクで営業に回っていたのですが、事故を起こしました。当時は中小零細企業には労災などなく、その体験から自分の体は自分で守らなければいけないと起業を決断したのです。今思えば、なんとむちゃで単純だったのかと思います（笑）。

起業後、なんと嬉しいことに仕入先は身一つの私に取引を許してくれました。電話も引けない私にしばらくの間、事務所と電話番号を貸してくれた会社もありました。そういう暖かい応援があった、良い時代でした。

❖ 当時、印象深かったことはありますか?

某大手化学会社に営業に行ったことは今でも思い出されます。守衛室の前で門前払いが何度も続きました。しかし二十歳そこその私の必死さが伝わったのでしょうか、担当者につないでくれて、その系列の設備会社を紹介してくれました。私は、自社の商品を売り込むことより、お客様にとっての利益をどうやって提供できるかを真剣に考えて提案していきました。それが良かったのでしょう。

❖ 会社の危機はありましたか?

当社の事業は、消防設備工事とメンテナンスが柱です。某大手流通企業が当時まだ五~六店舗の時からお付き合いをさせていただきました。その会社との取引は平成十六年の春まで続きました。ある時期には月商の六〇パーセントを占めるまでになり、一社依存体質の危機を感じ、平成十二~十三年頃に『脱大手流通企業依存体質』を掲げました。少しずつ営業シフトを変え、中堅企業に営業のターゲットを絞りながら、平成十五年に事業承継で悩んでいた同業の古い友人が経営していた会社を吸収し、僅かながら顧客を瞬間的に増やすことができました。これが後に大きく会社の危機を救うことになりました。

昔は人と人との信頼関係が企業のつながりになっていましたが、今はかなり難しい。大企業も統合・倒産する時代です。時代の要請で市場の原理が変わり、仕方のないことかもしれませんが、心配していた価格競争の渦の中に巻き込まれ、年間九千万円程の売り上げが飛んでしまいました。それに前後して社員が八人も相次いで辞めていきました。内心、会社に見切りを付けられたのかもしれません。危機的状況が重なってしまいました。しかし、驚いたことが結果として現れました。その年の決算がなんと減収増益になったのです。友人の会社を吸収したことが増益に貢献したのです。現在、その友人には、若手社員の技術的な指導をしてもらっています。大企業は乾いた雑巾を絞るように中小企業を締め付けているということを実感しました。大手企業とつながっていることはステータスではない時代になっていると思います。時代は大きく変わりました。

❖ 御社の経営理念とは？

一応は成文化したものはありますが、思いとして申し上げますと……、私たちの仕事は、直接その仕事が多くの場面で世の中の役に立っていることを体験できることです。お客様から火災を未然に防いだことで「お陰さまで助かったよ」と感謝されることがたびたびあります。そんなことを経験したときに社員たちは初めてこの仕事が多くの人の生命や財産を火災などの災害から守っていることに気がつくのだと思います。世の中のためになり、安心と安全を追求してこの仕事に関われることに誇りと喜びを感じているのだと思います。煎じ詰めた言い方をしますと、それが自社ブランドと言えるのではないかと思います。当社のブランドとは全ての仕事に対する付加価値と、誠意のあるきちんとしたアフターフォローです。

私にとって会社は、自分が生きていくための手段でした。社員に対しては、仕事の場を提供することで、一人一人の自己実現をしていってほしいと思っています。会社は私だけのものではありません。

❖ 裸一貫で作り上げた会社を、自分だけのものではないと言い切れるには、何かきっかけがあったのでしょうか？

二〇〇二年十一月に、心臓の手術をしました。福島の病院で一カ月間一人になり、それが自分を見つめる時間となりました。四歳まで幸せに暮らした内モンゴルは私の心の故郷です。私の原点はそこにあると気づきました。そこから今まで、本当に多くの人々に支えられてやってこられたことを、心の奥深いところで感謝しました。

恥ずかしい話ですが六十歳近くなって、人生の目的を達成するための手段の一つとして仕事があるのだと、気がつきました。人生の目標と目的とは違うことに気づいたのです。

❖ 御社では、今でもお給料を手渡しされているそうですね。

今は多くの企業では給料は銀行振り込みがされています。よく考えるとそのことの多くの理由は銀行の都合ではないかと思います。毎月二十五日に全国の企業が銀行から現金を引き出したら、瞬間的に数兆円の現金が銀行から消えてしまうと思うのです。現金の動きを止めて置くために「安全ですよ。手間がいりませんよ」などと言いながら便利さを売り込んだのでしょう。

社員とともに

そのせいで、子どもたちはお父さんがどのような仕事をしているのかも知らない始末で、大切なお金を稼いで来てくれていると意識さえもしない子どもが大勢います。我が社の社員はほとんどが中途採用です。彼らは初めての給料日に、大変驚いた顔をします。そして本当に嬉しそうにして給料袋を受け取ります。翌日会社に出勤して来て私に言う言葉は「久し振りに親父の権威を取り戻しました」なんですよ（笑）。

❖ 植松さんの「思い（夢）」はなんでしょうか？

今となっては「物欲」という意味での「夢」はありませんね。

思いとしては、世の中が今までにあまりにも合理的、効率化を追いかけて来たために失った物がたくさんありますが、仕事を通じてその失った物の中の一つでも取り戻すことのお手伝いをしたいということです。例えば家族のことですが、多くの子どもたちは自分たちの父親や母親がどのような仕事をして自分たちを育ててくれているかということを知る機会がほとんどありません。我が社の社員の子どもたちが自分の父や母が働いている会社の仕事を知ることを体験してもらう機会を作ることで親に対する尊敬の念や家族の大切さを知ってもらえれば……などと思っています。

「大きくなったらお父さんの会社で働きたい」と子どもたちから言ってもらえるようなそんな会社にしていきたいです。小さな夢ですがね。

もう一つ仕事上の大きな夢があるのです。消火の困難な火災を解決させる消火設備を作ること。楽しみにしていてくださいね。

❖ インタビューを終えて

詰襟姿の植松青年と、現在のおしゃれな植松社長、どちらにも共通するのは、優しく人懐っこい笑顔です。きっとその笑顔が数々の困難を乗り越える力の源だったのでしょう。私もその笑顔に魅了された一人です。お給料を現金支給、仕事の価値を再確認できる社員さんの笑顔が目に浮かびます。

デザインは人を元気づけ、勇気づけ、そして夢を与えるもの

デザインを経営資源に！

（株）ベーシッククリエイティブ　代表取締役　**片桐　敏雄**

【プロフィール】

一九四九年愛知県半田市に生まれる。高校まで大府市で育つ。一九七二年金沢美術工芸大学／産業美術学科／商業デザイン専攻卒。翌年、（株）日本デザインセンター入社。一九七八年（株）タックルデザインルーム設立。（株）ベーシッククリエイティブに社名変更。二〇〇五年デザインビジネスの新たな展開を目指し、ＷＥＢサイト「竜玉堂」を立ち上げる。企業のロゴマークデザインをはじめ、ブランディング・デザインのサービスを開始。メールマガジン「経営者のための『ベーシック・ブランド戦略』」を配信する。家族は、妻と娘二人で、昨春長女が孫を出産。次女はライブの照明の仕事に熱中。

http://www.basic-cr.co.jp/

❖　片桐さんは、広告デザイン・パッケージデザイン等デザイン業界で華々しい受賞暦をお持ちですが、初めての受賞は、一九七三年の朝日広告賞／一般部門グランプリ受賞ですね。

アートディレクターとコピーライターの大先輩のおかげです。私は先輩の指示通りにデザインしただけなのです。先輩がその経歴を持ってここに行きなさいと言ってくれたのが、日本デ

ザインセンターです。試験と社長面接がありましたが、即日入社決定でした。総務の人が、一枚の用紙を出して、希望の給与を記入するようにといいましたので（当時月五万円で結構生活は厳しかった）、ではと言って書いたのが、五万五千円でした。当時のデザイナーは薄給でした。この日本デザインセンターには、日本のデザイン業界における草分け的存在の方々がたくさんいらっしゃいましたので、私はそこで高度なスキルとセンスを学ぶことができました。

さまざまな受賞は私だけの力ではありません。アートディレクター（ＡＤ）、コピーライター（Ｃ）、そしてデザイナー（Ｄ）のチームワークの結果です。その当時のデザイナーは、ほとんどが一匹狼でした。でも、私は一人よりチームの力を発揮することで、より大きな仕事ができると思って、一九七八年に（株）タックルデザインルームを設立しました。

ＪＡＧＤＡ平和ポスター

（社）日本グラフィックデザイナー協会（ＪＡＧＤＡ）主催で、一九八三年から会員の自主制作による世界平和へのメッセージ「ＪＡＧＤＡ平和ポスター」展を国内外で開催し、大きな反響を得てきました。

掲載したポスターは、私が一九八四年に制作したもので、「みんなが幸せ、すき。」と「だれかが悲しい、キライ。」のメッセージを、天地がひっくり返っても伝わるように逆さ絵で表現しました。現在でも変わらず伝えたいメッセージです。

❖ 社名のタックルとは？

社名のタックルとは「複合滑車」という意味です。ひとつひとつの滑車は小さくても、複合することで、大きな力を発揮できます。私の会社も、多様なデザインワークにこたえられることを目標にしました。その後、一九八八年にプランニングを主業務とする別会社（株）ベーシッククを設立と同時に、（株）ベーシッククリエイティブに社名変更しました。

❖ 会社を始めて、経営上のターニングポイントがありましたか？

経済がバブル景気に沸く一九九〇年、我が社には今まで経験したことのない試練が待ち受けていました。創業時から取引のあったクライアントの事情で、受注が極端に減ったのです。事前に予告は受けていましたが、売上の五十パーセント以上を占めていただけに、営業努力もむなしく、大きなダメージを受けました。

その後数年間、赤字が膨らみ、スタッフも減り、それまでの職人的デザイナー集団による会社経営のあり方を一から考えさせられた、まさにその時が我が社のターニングポイントです。そして、某ビジネス学校でデザイン概論の講師を引き受けることになったことも、デザインを考えるきっかけになりました。

デザイナーの仕事の価値、会社を継続することの意義とは？　そして今後、私たちは何を目指すべきか？　といった経営の基本から将来の目標を社員とともに考えるようになりました。

❖ アナログからデジタルへと大きな変化の中で、デザインのあり方もずいぶんと変わっていったのでしょうね。

一九九九年からグラフィックからＷＥＢまで、トータルなマルチメディアデザインを業務として、企業の活性化に貢献することを目標として、ＷＥＢサイト制作のプロデュースを開始。二〇〇四年には海外ロケによるＤＶＤムービー制作を受注することができ、ＷＥＢサイト開設、広告、ポスター、カタログ印刷、新製品発表会イベントまでのトータルディレクションおよびプロデュースを担当することになりました。

これにより、クロスメディア時代における実績を積むことができたのと、もうひとつ大きな足掛かりとして、アナログからデジタル次世代への変革を可能にする、クリエイティブなカラーマネジメントに取り組むことができたのは、大きな収穫でした。

❖ 片桐さんにとって、デザインとは？

デザインとは、ある目標を達成するための計画と行動をカタチにすることです。経営もデザインです。生活そのものがデザインだと思います。たとえば、今日起きて、さあ何をしようかと考えます。日常のルーティングワークもどうやろうかと無意識のうちに考えているでしょう。それがデザインです。こうなりたい、こうしたいという夢があります。それをどうやって実行していこうかと考え、そして行動を起こす。それらすべてが自分自身の人生をデザインしていることなのです。

デザインはアートとは違います。アートは自分が発信源であり、共鳴を得られるかどうかはわからない部分もあります。デザインは価値の共有です。伝えたい「モノ」や「コト」を伝えるべき相手に正確に、わかりやすく、最良の形で伝えることがデザインの役割だと思います。

❖ デザインの著作権についておうかがいします。

まねることは、学ぶことにつながります。でも、知的財産である著作物を模倣して権利を侵害する行為は許されません。デザインにも著作権があります。さらに言えば著作権には著作財産権と著作者人格権があり、著作財産権は譲渡できますが、著作者人格権は譲渡できません。つまり、著作者が、「この作品は私が創りました」と表明する権利で、これは法律で守られています。デザイナーは、まねることから作者の感動や情動の創り方に迫り、そこから自らの独創性を学んでほしいと思います。

経営も、人生もまったく同じですね。学びを得て、人に感動を与えられるいい作品を創りたいものです。

❖ WEBサイト「竜玉堂」は、どのようなコンセプトで作られたのですか？

「竜玉堂」は、「竜玉」を摑んで勢いよく上昇する「竜」のイメージで創ったロゴマークデザインサービスのサイトです。ロゴマークを作るということは、その会社のブランドを作るための一歩です。ロゴマークを制作していく過程で、自社のブランド・アイデンティティを構築、あるいは再確認することになるのですが、これは、ブランディングを進めるうえでとても重要なことです。

ブランドを創っていくために大切な要素は、「愛」と「夢」と「美」です。この三つの要素を私は、「竜玉コンセプト」と呼んでいます。この三要素を基軸に進んでいけば、必ず会社も個人も上昇スパイラルを描いていけると思っています。デザインは、人を元気にします。明るくします。勇気づけます。そして、夢を与える大きな力があります。もっとデザインを経営資源として、取り込んでいただきたいと願っています。

ヒト・モノ・カネ・時間・情報、そして第六の経営資源としてのデザイン。デザインの社会的役割はとても大きいと考えています。

❖ 片桐さんの好きな言葉は？

好きな言葉は、「隗《かい》より始めよ」「努力は何事にも勝つ」です。

「隗より始めよ」とは、中国の『戦国策』に、郭隗《かくかい》という人が燕《えん》の昭王に「優れた人材を求めるのであれば、まず、私、隗から始めてください」と進言した故事があります。「自分のようなものでも大事にしてくれれば、自分より優れた人材が我先に駆けつけてくるでしょう」という逸話です。

大事を成すには、まず卑近なことから始めよ。それが転じて、物事は、まず言い出した者が始めるべきであるという意味です。

❖ 「愛・夢・美」素敵なコンセプトですね。片桐さんにとっての「思い（夢）」は何でしょうか？

私が提唱する「三次元発創法のトレーニング」として、感動日記を書いています。日常の生活の中で感動した時に、感動を与えた人は誰で、何に感動したのか、そのコンセプトは何かなどをメモとして書いています。

環境や社会が大きな変容を迫られている今日、これからは、心のマネジメントが必要な時代です。「モノ」をつくるデザインだけでなく、「コト」をつくり、共感するデザインが、ますます求められることでしょう。

私の夢は、デザインを経営資源として有効活用できるよう、デザイン・コンサルティングの道を確立すること。そして、ソリューション・ビジネスの担い手である真のクリエイターを育てることです。「愛・夢・美」の「竜玉コンセプト」を軸にしたクリエイティブなワークで、少しでも多くの企業が、そして人が、元気になれるといいですね。

❖ インタビューを終えて

デザインは、コミュニケーション力であり、瞬時に意図するものを正しく相手に伝える力がデザインの力だと知りました。その大切な役割をきっちりと果たしていこうとするベーシッククリエイティブの社風と目指す方向性は、経営者の強い味方であると感じました。

昭和レトロビジネスのトップランナー！
日本の元気の源を求め続ける仕掛け人

（株）サンライズエンターテイメント　取締役会長　久保　浩

【プロフィール】
一九五九年東京都品川区に生まれる。一九七七年高校卒業後、自らの音楽活動の傍ら「桑名正博」のコンサートマネージャーとして全国に同行。一九七九年（株）ジャパンセールスプロモーションに入社。一九八二年（株）ニチイ（現、マイカル）入社。一九九〇年（株）マイカルを退社し独立。商業系に向けた販売促進代理業、企画プロデュース業務を始める。一九九八年新宿・渋谷のファッションビルに富山の配置薬専門店「キョウトク本舗」を開業。二〇〇五年（株）サンライズマツオカと経営統合。社名を（株）サンライズエンターテイメントと称し、代表取締役に就任。二〇〇七年同社取締役会長に就任。
http://sunrise-e.net/

❖ お生まれは？

品川区武蔵小山の商店街で両親が商売をしていました。祖父母もここで果物商をやっていました。両親に私たち兄弟、祖父母、独身の叔父・叔母、住み込みの店員さんたち、十一人の大家族で食卓を囲んでいました。

❖ 桑名正博さんのコンサートマネージャーをされていたのですね。

高校時代からバンドを作って音楽活動をしていましたところから、桑名正博の付き人をやることになり、全国を回りました。高校を卒業する時に、両親に大学に行かせたと思って四年間好きなことをさせてくれと頼み込みました。そして三年間桑名の付き人をやったのです。しかしその時の収入は少なくて、ほとんどが食べ盛りの私の胃袋に入ってしまった状態でした。イベント・集客・企画・実施の会社のアルバイトで、大手流通企業のニチイ（現、マイカル）を担当させてもらい、新店舗のオープニングイベントを何店舗も手がけました。オープニングの時には、ぬいぐるみを着たり、風船を配ったりと文字通り身体を張って頑張りました。一九八二年に入社して、ファッション専門店のビブレの出店企画に携わりました。若い女性をターゲットにしたファッションを中心としたビブレは、時代の変化の先端であったとも言えました。

❖ どうして独立しようと思ったのですか？

三十代になった頃に、どうも会社のイケイケドンドンの体質が自分に合わないように感じ、独立を決心し、ニチイ時代の部下と二人で（株）レンという販売促進代理業、企画プロデュースの会社を立ち上げました。この年は八〇年代半ばから続いたバブル景気が終わりを告げた年でしたが、ガソリンスタンドの業界は痛手を受けることなく景気の良い業界でした。安くなった土地を買い出店をしていくそのオープニングイベントの仕事をさせてもらうことになりました。仕事は絶えることなくあり、十年間主にガソリンスタンドの販促に関わってきました。しかし、一九九六年の特定石油製品輸入暫定措置法（特石法）の廃止により、石油の自由化が始まり、ガソリン業界は価格競争の時代に入り仕事が激減し、私はその会社は部下に残して、新しい道を歩むことにしました。

❖ 富山の配置薬専門店「キョウトク本舗」を開業とありますが？

富山の置き薬は百年以上にも及ぶ歴史があります。お客さんはお年寄りが多いですので、この配置薬のデザインは昔のままです。デザインを変えると間違えるからというお客さんの要望なのです。この富山の配置薬をずらっと並べた四坪の店を渋谷パルコと新宿のミロードにオープンして店頭販売を始めました。これがマスコミに大きく取り上げられて、レトロブームの火付け役となりました。これが私の「昭和ビジネス」のスタートでした。

その後、二〇〇一年横浜みなとみらいに昭和三十年代をテーマにしたレトロ商店街「ハイカラ横丁」を開業し、二〇〇二年には、港区台場にレトロモール「台場一丁目商店街」をプロデュース、自治会長に就任しました。二〇〇四年には、横浜みなとみらいに明治・大正をモチーフとした「横浜はじめて物語」のプロデュースもしました。二〇〇七年に、郊外型昭和レトロミニテーマパーク「ハイカラ横丁ＤＸ」を埼玉県志木市に一号店として開業しました。

ハイカラ横丁

❖ 久保さんにとっての昭和レトロとは？

私にとってのレトロとは、「モノ」ではありません。レトログッズのコレクターの方もいますが、私にとっては、「モノ」より「コト」の方が大切なのです。その時代の思いや心を現代によみがえらせたいのです。映画「三丁目の夕日」や「フラガール」が大ヒットし、昭和レトロが再び脚光を浴びています。テレビが家に来た日の感動、洗濯機が来た日の喜び、身近なことにワクワクしながら生活していたあの頃の素朴なエネルギーです。

❖「台場一丁目商店街」のプロデュースをされたのは？

戦後の復興期から高度成長期にかけて、日本が最も活気づいた時代のひとつが昭和三十年代です。お台場のエンターテイメントスポット、デックス東京ビーチの中に、昭和三十年代の下町を再現した千坪の「台場一丁目商店街」は大当たりして、オープン当初は新聞やテレビなどのマスコミ取材が殺到しました。ここには、小さいお子さんから高齢者まで、どの世代の方もたくさん来場されます。三世代・四世代が一緒になって楽しんでくれるという、極めて珍しい場となっています。小さい子どもさんは、駄菓子や提灯などでお祭り気分を楽しんでいます。四十代以降になって初めて懐かしさを感じてくれています。その中間の若い世代は、日本であることはわかっていながら、なんとなくアジアっぽい、異国情緒を感じています。海外旅行をしているような気分になるそうです。

このように、三世代・四世代が同時に楽しめるという不思議な空間となっております。二〇〇六年には台場一丁目商店街を全面改装し第二期開業のプロデュースをしました。

現在は、地方からの修学旅行の生徒も多く来るようになりました。二〜三時間のコースですが、まず私が昭和の時代についての話をして、その後お店に入ってもらって販売などの仕事を体験してもらいます。学生たちにとってはとても新鮮のようです。私はいつも「寅さんスタイル」で、失われていく昭和の歴史を、体験を通してみんなに伝えようとしています。北海道には北海道の、九州には九州の素晴らしい歴史があります。学生たちが地元に帰ってその土地の昭和を調べて、もう一度お台場に来て、調べたことを発表してくれたら嬉しいですね。いつか必ず全国の学生たちが発表をするイベントを企画したいと思っています。

洋風化により畳のある家もなくなり、少子高齢化により外国からの労働者が増えてきています。もう数十年で本当の日本の文化を知っている人がいなくなる危惧を感じています。だから今、我々が若者に日本の素晴らしさを伝えていかなければならないと思います。

❖ 医療の現場でも昭和レトロが活用されているのですか？

高齢化に伴い、日本全国で認知症の方の数は年々増え続けています。昭和の時代の懐かしい風景や道具を使って、記憶をよみがえらせ、認知症の治療に役立てる「回想法」という治療法があります。この「回想法」は、アメリカの精神科医によって創始された心理療法で、認知症やアルツハイマーになったお年寄りに、昔の映画を見せたり、昔の音楽を聴かせたりすることによって、昔のことをフラッシュバックさせて、脳に刺激を起こさせ症状の進行を弱めるという治療法です。昭和レトロが、ただのエンターテイメントだけではなく、こういったホスピタリティの分野にも、今後注目されていくのではないかと思っています。

二〇〇八年八月に「ガイアの夜明け」で取り上げられたことがきっかけで、介護福祉業界からの問い合わせが多く、商業系しか知らない私には戸惑いもありました。しかし、大変情熱を持って声を掛けていただきました介護業界の大手「(株) ライフコミューン」社と企画がまとまり、二〇〇八年一〇月実施段階に突入しました。新プロジェクトとして、老人ホーム内に「昭和レトロ」を製作し、入居のお年寄りだけが楽しむのでなく、近隣の子どもたちも集め、お年寄りたちが寺子屋として習字や茶道、遊び、手芸などを教える「世代交流促進企画」です。

この企画をきっかけに、世代間の「壁」みたいなものが少しずつでも取り払われていけば、本望と思っています。

❖ 久保さんの「思い（夢）」とは？

昭和を伝えていくということは、社会的な役割を感じてやっております。私の運命的な使命でもあると思っています。昭和という仕事を通じて、世代の垣根を取り除いていきたいと考えています。今、昭和ブームと言われて、「ＡＬＬＷＡＹＳ　三丁目の夕日」という映画が大ヒットしたことも、台場一丁目商店街が、非常に人気があるということも、物質の豊かさだけを求めてきた裏返しではないかとも考えています。しかし、あの時代は良かったとは言っても、あの時代に戻りたいと言う人はいません。昭和三十年代の方が、よっぽど物騒であったと思いますし、食の安全についてもしかりです。

私は、資源の無い日本は、貧しい国であるとずっと考えています。昭和三十年代から、今までバブルがまだ続いているのではないかとも思っています。一九九〇年代のバブル崩壊は一部分であって、まだバブルの中にいる、夢の中にいるのではないだろうか、これ以上日本は豊かになっていく必要があるのだろうかと、この昭和の仕事をしている中で感じています。昭和レトロを通して、心の満足、心の豊かさに気づいていただきたいと思っています。

❖ インタビューを終えて

昭和三十年代は家族の幸せのために社会全体が肩寄せあい助け合って勤勉に働いていた良き時代、その心の豊かさを取り戻すことが、もう一度日本人の心の奥にある元気を取り戻していくことになるのかもしれません。新しい事業の成功を祈っております。

役者の経験を経営力に生かす
社員ひとりひとりの人間力アップを！

（株）アークビルサービス　代表取締役　田中　正吾

【プロフィール】
一九五五年愛媛県松山市に生まれる。一九七三年愛媛県立松山商業高等学校卒業。一九七三年十月役者を目指し上京。一九七八年五月ビクターレコードより歌手デビュー、シングル盤二枚発売。一九七九年六月NHK大河ドラマ「草燃える」にて俳優デビュー、芸名草間正吾と改名、以後、主にテレビドラマを中心に活動。一九八六年四月（株）エーク・オーク設立。主に求人広告の営業を行う。一九八七年（株）アークビルサービスを創業、清掃業に主力を移す。二〇〇〇年九月飲食業に参入。二〇〇五年四月クロス洗浄を中心としたハウスクリーニングを開始。二〇〇五年十二月家事代行業「マーメイドサービス」開始。
http://www.ark-service.co.jp/

❖ 俳優になるのは小さい頃からの夢でしたか？

私は松山に生まれ、兄弟二人の長男で、家は製麺業を営んでいました。父が事業に失敗し、貧乏生活を送りました。高校三年の時に父がガンになり、私は進学をあきらめました。父の体調が良くなり、大学進学の夢を捨てきれず予備校に行かせてもらいました。受験勉強のスタートが遅かったのと、家庭の金銭的事情で、東京の大学は無理でした。このまま田舎で一生終わるのも嫌だと思っていた時に、役者をやらないかとスカウトされました。

役者を目指して上京し、劇団で歌と芝居の勉強を続けながら、ライブハウスでギターの弾き語りをしていたのが目にとまって、歌手としてデビューすることになりました。アイドル系の歌でデビューしましたが、歌手の世界は結構派手で、人を押しのけてという性格ではありませんでしたので、私には無理な世界でした。芝居はみんなで作り上げていくものですから、自分には役者の方があっていたようです。

❖ 役者としての本格的なデビューは？

一九七九年、岩下志麻さんと知遇を得まして、岩下さんが主演されたＮＨＫの大河ドラマ「草燃える」で、「草間正吾」と改名して、俳優としてデビューしました。その後、映画「悪霊島」やミュージカルの舞台、テレビドラマなどに出演しました。初めは表現することが楽しかったのですが、三十代に入った頃それが自分にとって意義のあることなのか……と考えはじめました。

❖ 俳優から実業家へ転進されたきっかけは？

友人からＰＲ活動やイベントがあるので手伝ってほしいという要請がありました。結局それは軌道に乗らなかったのですが、役者を続けることに疑問を感じていた時期でしたので、違う仕事を見つけたかったこともあり、まずは会社を作り、求人広告の営業をする仕事をしながら、何をやるか決め、一九八六年四月（株）エーク・オークを設立しました。渋谷区のワンルームマンションからの出発でした。

翌年に、ビル清掃の仕事を個人でやっていた友人が、その仕事を会社でやってほしいと言って入社してきました。ビルの清掃は、毎月定期的に仕事があって安定しているわけです。それでその業界を調べてみたのですが、かなり大きな市場でした。それで「求人広告の営業の仕事は不安定だから、この仕事にしよう！」と提案したら、四人ぐらいいた社員がみんな嫌だと言って辞めてしまいました。自分ひとりでもやるしかないと、ビルメンテナンスの会社をやっている人を紹介してもらい、そこの仕事をしながら勉強していきました。

❖ 軌道に乗り出したのはいつ頃からですか？

始めた時はバブルの時代でしたので、仕事は途切れずにありましたから、人集めが大変でした。設立して四年間はひとりで切り盛りしていましたが、あまりの忙しさでどうにもならなくなり、友人と漫画家志望の弟を引っ張り込みました。

今は業者が増えすぎてきましたし、大手企業は、自社の高齢者の受け皿としてビルメンテナンス会社を作り、日常清掃の部分などはできるだけ自分たちの会社でやって、どうしても難しいところを外注に出すというようになり、厳しい時代だとも言えます。

この業界は、約八十五パーセントが大手企業で、当社はその中間にいます。ほとんどが零細企業ですので、低価格に抑えられてしまう構造です。その中で生き残るためには、企業の独自性が求められる時代になりました。そこで、ビルメンテナンスの武器の一つと考え、クロス洗浄技術の特許の権利を買いました。

これからの将来性を考えるともう一つ事業の柱がほしいと考え、飲食業に参入することにしました。手始めに「牛角」のフランチャイズ店を出して、ノウハウを学びながら飲食業の展開を図ろうと考え、二〇〇〇年九月に「牛角長原店」をオープンしました。現在はオリジナル業態も含めて「牛角旗の台店」「土間土間大泉学園店」「もつ電雷大井町店」「もつ電雷練馬店」「もつ電雷立川店」の五店舗を営業中です。

❖ 役者と経営に共通するものはありますか？

社員が増えて人材教育するようになりますと、人前でしゃべらなくてはいけません。役者をやっていた時は、いつも自分を客観的に見て、どうやって伝えればより相手にきちんと伝わるかを考える習慣がついていました。その場の空気を読んだり、相手の立場になって考えてその中で自分の処し方を冷静に考えたり、そういう訓練を役者の時に学んできました。それが今になってとても役に立っています。

❖ 会社経営のターニングポイントはありましたか？

役者をやっていて、それが自分の一生の仕事と思えなくなって、役者以外だったら稼げれば何でもいいと思っていました。たまたま時代が良くてうまくいって、家も持てて……気が付いたらそれが目標になっていました。その目標が達成できたら、なんだか迷子になったみたいになってしまいました。それが起業して十年目でした。これではいけないとある経営者の研修を受けるため、大阪に八カ月間毎月通いました。

この研修の終わりごろに、同じグループの広島でお弁当屋さんを経営している方に、私は、「今の仕事が嫌だ。社員もろくに動かないし、人からさげすまされているように感じて、嫌でしょうがない」と言ったら、その方から「社長がそう思っているのなら、そういう社長の下で働いている社員さんはかわいそうじゃないか」と言われました。頭を「ガーン！」と殴られたような気持ちになりました。「かわいそうなのは、私じゃない。そんな私の元で働いている社員こそがかわいそうなのだ」と気づき、その会社に見学に行きました。お弁当屋さんは過酷な仕事で、朝の二時～七時が仕事のピーク、社長はそれから夜の十二時頃まで仕事をしていました。その社長さんは修行僧みたいな人で、すごい人だなあと思いました。この出会いが、私にとってのターニングポイントだったと思います。

❖ 今のお仕事への誇りが生まれたのですね。

たぶん他の仕事だったら、私は経営者としてはつぶれていたと思います。仕入れも少なく毎月安定した収入が得られ、この仕事が稼がせてくれるありがたい仕事だと、感謝の気持ちに変わりました。それまでは会社は自分のためにあると思っていましたが、百八十度変わって、会社はそこで働く人のためにあると思うようになりました。社長の役割はそこで会社の方向性をきちんと示すことです。

会社に戻って、すぐに「経営理念」を作りました。そうしたら、半分の社員が「理念より金をくれ」と言って辞めていきました。労働集約型の仕事ですから、大丈夫かと心配しましたが、理解してくれた社員たちと一緒に乗り切れました。根っこに理念を共有するということはすご

社員とともに

いことで、仕事の質が変わり、昔はよくクレームがありましたが、今では逆にお礼の言葉をお客様からいただくようになりました。自分が変わることで、こんなに会社が変わるものかと、実感しました。

❖ 組織作りをどのようにやってこられましたか?

以前役者をやっていた時はある意味では孤独でした。でも会社は違います。組織の力は素晴らしいと思いますよ。私にそういう経験がありますから、社員には「ひとりでは何もできない。チームワークを大事にしよう。自分の足りないところを周りが助けてくれるのだよ」と話しています。今では会社の情報をオープンにして、社員の絶対評価に加え、相対評価も取り入れ、危機感も共有するが、成果も共有する。そういう社風を作っています。

それぞれの評価の結果からその人の目線がわかります。短所ばかりを見る人には、長所を伸ばそうよと話します。短所の無い人間なんかいません。長所を伸ばせば、短所は魅力に変わります。それがその人の人間らしさになるのだと思うのです。

❖ 田中さんのこれからの「思い（夢）」とは何でしょうか？

私のこれからの思いは、今いる社員さんやこれから入社してくる社員さんが、定年を迎えた時に、「この会社に入って幸せだった」と感じていただける会社を作ることです。具体的には言えませんが、まずは社風の良い会社。お客様に親切な会社。お客様から感謝される会社。社員同士が切磋琢磨しあう会社。きちんと評価される会社。給料の良い会社。そして百年続く会社。こんなところでしょうか。やはり、存続成長する組織として残っていってほしい……というのが私の思いであり、願いであります。そんな中からひとりでも多くの人が、社会に必要とされる人材として、社会や各家庭でリーダーとして活躍していってもらいたいと願っています。

❖ インタビューを終えて

夢と希望を失いかけている若者たちに、もう一度生きる力を注ぎ込むこと。それが自分のこれからの使命と、優しい暖かさをたたえた笑顔で最後に締めくくってくださいました。どんな厳しい社会情勢の中であっても、社員がスクラムを組んで立ち向かうたくましい姿が目に浮かびます。

社員とともに、小さくても輝き続ける会社づくりを！

新卒定期採用で社風が変わった！

（株）ウェルネス　代表取締役　長澤　眞也

【プロフィール】
一九五三年千葉県に生まれる。一九七六年慶應義塾大学経済学部卒業。卒業後、西武百貨店入社、子ども服、販売促進部、営業企画部を経て、一九九二年家庭の事情で退職。一九九三年株式会社ウェルネス創設、現在に至る。
趣味はゴルフ・将棋だがどっちも下手の横好き。大の阪神タイガーズファン！
http://www.wellness-online.co.jp/

❖　サラリーマンから企業家への転進はどういったきっかけだったのですか？

長男が重度の知的障害を持っていました。私たち夫婦は、この子をふたりで育てていきたいと強く思っていたのですが、当時勤めていた会社は大企業でしたから、全国に関連会社や店舗があり、自宅から通勤できる範囲だけの転勤は無理だと言われました。そんなある日、ヘッドハンティング会社より電話があり、転職を考えるようになりました。ただし、「自宅から通える会社であること。小さくてもオーナー社長の会社であること。社長が直接面接してくれる会社であること」という条件を出しました。なぜオーナー社長かと言いますと、大企業のサラリーマン社長を見てきましたが、個人保証は絶対にしません。オーナー社長とは経営に対する真剣さがぜんぜん違います。直接面接してくれて「うちの会社で一緒にがんばろうよ」と言ってくれたら心も動きますね。

その条件に合った、花の商社に入社しました。その会社はゴルフ場造園がメインの会社で、バブルがはじけて経営が難しくなってしまいました。私は当時、産直の花の通販プロジェクトを担当していましたので、その事業を引き受けて独立することにしました。

❖ もともと起業のお気持ちはなかったのですか？

その時は、進めていたプロジェクトを辞めてしまうとそれまで関わってくれた取引先の会社に大きな迷惑をかけることになり、その方々に責任を取らなければいけないという気持ちでいっぱいでした。妻からは、きっと「駄目！」と言われると思ったら、「息子のためにもがんばって！」と言われてしまってびっくりしました。そんなスタートでした。

半年間は資金繰りが本当に大変で、もう駄目だと思ったことも何度もありました。そんな時に、経営者の先輩から、「長澤さん、いつも明るくしていなくてはいけないよ。笑う門には福が来るからね」と言われて、ドキッとしました。その後、取引銀行の担当者が会社を訪れた時に、私は元気よく当社のビジネスプランについて語りました。すると「社長、とても夢のある楽しいお仕事ですね」と言ってくれて、なんと一千万円の融資を受けることができました。これで当社は生き返りました。

❖ 会社を経営していく原動力は何ですか？

自閉症という知的障害を持った長男です。私はこの息子からとてもたくさんのことを学ばせてもらいました。以前の私は、典型的な「勉強していい学校を出て大企業に入り出世して……」という家庭に育ち、その通りの人生を送っていました。ところが、息子を育てることにより、世界が百八十度変わりました。

長男が小学校三年の運動会、担任の先生が「普通に育てましょう」と言って、特殊学級の子どもたちも普通学級の子どもたちと一緒に走ることになりました。息子は徒競走のピストルの音におびえる子でした。それまでは誰かに手を取られて誘導されて走ることしかできなくて、自分ひとりで走ることができるかどうかとても心配でした。

ヨーイドン！　とピストルが鳴り、耳を押さえていた息子がしばらくして走り出しました。

遅いけれどゴールを目指して走っています。私は大粒の涙を流しながらビデオを回しました。ダントツのビリでした。でも嬉しかった！　感動しました。息子が人生で大切なものは何かを私に気づかせてくれました。妻は「あなたが仕事をがんばることは、あの子ががんばることなのよ」といつも私を励ましてくれます。

❖ 会社経営上のターニングポイントは？

大きく分けると三回あります。一回目は、花の会社が食品を扱ったこと、二回目は通販会社からインターネット販売にシフトしたこと、そして三回目は、個人向け一本から、法人向けの営業部をつくったことでしょうか。そうしたステップをふみながら成長してきたように思います。でも何と言っても一番のターニングポイントは新卒定期採用をするようになったことです。

❖ どうして、新卒採用に力を入れるようになったのでしょうか？

今までは、紹介で集まってきた社員がほとんどでした。とても家庭的な働きやすい職場で、辞める人がほとんどいませんでした。二〇〇四年春に、人材採用コンサルタント会社の営業で新入社員が私に会いに来ました。国立大学を出たての優秀な女性でした。彼女とは、阪神ファンということで気が合って、月一回スナックで阪神巨人戦の阪神を応援する会をつくったりしました。一年後、彼女が異動のあいさつに来て「長澤さん、私はこの一年さまざまな会社の社長さんにお会いしてきました。そのおかげで、社長さんを見れば、伸びる会社か伸びない会社かがわかるようになりました」と言いました。そこで私は期待と自信を持って、「じゃあ、うちの会社はどうですか？」と聞いてみますと、「私だったら絶対に入りたくない！　なぜなら、長澤さんがいなくなったら、この会社の将来が見えてこない」と言ったのです。これはとてもショックな言葉でした。

十年後二十年後の会社の姿が見えてこない限り、優秀なやる気のある社員は入ってこないでしょう。後継者を育てることが、社員の将来のためにも大切なことなのだと、改めて気づかされました。そこから新卒定期採用へのチャレンジが始まりました。

❖ 長澤さんは、学生たちとの勉強会をされてらっしゃるとお聞きしましたが？

二〇〇四年に専修大学で臨時講師をしたことがきっかけで、そこで知り合った学生たちと「藍塾」をつくりました。毎月テーマを決めて話をします。二回目のテーマ「君たちは生きる原点を持っているか？」これは今でも印象に残っています。毎年三月には学生みんなが夢を語ります。藍塾の学生たちにどんな会社で働きたいかと聞いたところ、今の学生は、大企業で働きたいのではなく、小さくても本当に必要とされる会社で仕事をしたいということでした。

私は新卒採用の会社説明会でいつも、「ウェルネスは小さい会社です。条件は悪いです。でも私と一緒にこの会社を輝く会社にしてほしい。あなたの力が必要です。一緒にウェルネスをつくっていきましょう」と本音で語りかけます。業界一位は社員にとって幸せでしょうか？　会社の目標と社員の幸せは同じでしょうか？　大切なのは社員にとっての幸せです。小さな会社だからこそ心が通じ合えることもあるのではないでしょうか。私は、あなたたちではなくて「あなた」と「私」の関係を大切にしています。

社員とともに

❖ 新規採用をされて、会社は変わりましたか？

優秀な社員が入ったことで、先輩たちががんばりだしました。中小企業は即戦力の中途採用が主流です。あえて新卒定期採用を始めたのは、あの「私は絶対にこの会社には入りたくない！」と言った女性の言葉が発端でした。真剣に悩み続ける私の姿を見ていた藍塾の学生が、「長澤さん、今までいろいろな経営者にお話を聞いてきて、どうしてもわからないことがありました。それが今やっと理解できました」と言いました。それは、「部下を育てて二流、部下に教わって一流」という言葉だそうです。彼いわく「長澤さんは大学出たての若い女性に言われたことで、そこまで真剣に悩むなんて……」と。

新卒を採用していくことは、彼らの人生に責任を持つことです。当社を選んでくれた彼らから入ってよかったと言ってもらえる会社にしていかなければいけないと、大きな責任を自分に課しています。

❖　社員の方に望むことは？

当社の事業は、モノをコトにしていく仕事だと思っています。単にバラの花を売るのではなく、バラの花を通して、お客様とお客様の感動づくりのお手伝いをしているのです。私は社員が「思いやり」の中で失敗してもいいと思っています。優しさや情緒、それは息子が教えてくれた大切なものですから。

生きていくうえで「決め方」だけは決めておく。何が大事なのかを決めておく。これだけは譲れないものを決めておくことです。私は、「数字よりも思いやり」そう決めています。

❖ 長澤さんの「思い（夢）」をどのように招いていらっしゃいますか？

夢を実現するのは、まずその夢を語り続けることだと思っています。現実にいろんな方にお話をすることにより、いろいろな人との新たな出会いがあったり、紹介していただいたり、本当に親切な方はたくさんいらっしゃって……。だから、人の夢を聴く、自分の夢を話すということを大事にしていきたいと思っています。

❖ インタビューを終えて

長澤さんの誰をも受け入れる懐の深さと優しい笑顔の後ろに、ご子息の無邪気な笑顔が重なりました。思いやりで勝負する会社づくり、江戸っ子の心意気を感じます。心を開いて、どんな話にも誠実に耳を傾ける長澤社長はまさに一流の経営者です。

徹底した品質管理に取り組み、オンリーワンの技術を提供！

立体駐車場の設備工事を軸に創業三十年

（株）ニエカワ設備　代表取締役　牲川　忠夫

【プロフィール】
一九四三年生まれ。広島県立因島高校機械科卒業後、日立造船因島工場造機設計課勤務。一九六〇年母が亡くなり一九六七年上京し、埼玉の兄のところへ。一九六八年中央大学第二商学部会計学科（夜間）に入学。同年（株）三電工に入社し、電気工事の東電中請他営業後、一九六九年取締役に就任する。一九七二年中央大学卒業。一九七八年三電工退社後、（株）ニエカワ設備設立。機械式駐車場の据付工事の請負を四名で開始。一九九八年現在地に本社移転。二〇〇四年ＩＳＯ９００１―２０００取得。二〇〇八年創業三十周年を迎える。
http://www.niekawa.com/

❖因島でお育ちになったのですか？

因島は、除虫菊の産地で八朔《はっさく》発祥の地でもあります。室町時代から戦国時代にかけては、村上水軍が活躍を続けました。戦時中、私と実家のある尾道に疎開した母は、因島の人と四歳の私を連れて再婚しました。しかし、私はその家の籍には入れてもらえなかったので（日本の法律上）、母も籍を入れず、死ぬまで牲川を名乗りました。その家には十歳年上の男の子がいましたが、その彼とはわけ隔てなく育ててもらいました。母を残して因島を離れることもできず、私は因島高校を卒業後、地元の日立造船因島工場に就職し、造機設計課に五年勤務しました。しかし、昭和四十年私が二十二歳の時に母が亡くなり、私は身内のいなくなった因島を離れ、埼玉の兄を頼り上京しました。

❖ 東京に出て何をしたかったのですか？

大学に進学したかったので、働きながら、二カ月間受験勉強をして、公認会計士を目指し中央大学第二商学部に入りました。昼間働いて夜大学に通うということでは、圧倒的に勉強時間が足りず、公認会計士の夢はすぐに挫折しました。そんな中で高校の先輩が社長をしている（株）三電工という会社を手伝うことになりました。二年後に経理担当の取締役になり、昭和五十三年まで勤めました。三電工は高い技術力を持っていて、大型駐車場の設備工事などのノウハウを学ぶことができました。

❖ 起業しようと思ったきっかけは？

三電工の社長が交代したのを機会に退職し、メーカーのS社から、下請けの会社がつぶれてしまって困っているので独立しないかと勧められましたので、そのS社の下請けとして四人でニエカワ設備としてスタートしました。日本の高度成長に乗って、仕事は切れ目なくありました。あの時代は大企業にくっついていればなんとかなった時代です。バブル時でも、専属の下請けを含めても十二人くらいの、私も現場に出る小さな会社でしたが、しっかりと利益を出していました。まだまだ目の前の仕事をこなしていくことだけで、経営ということを考える必要もなかったような時代でした。バブルがはじけた後の方が仕事は増えました。建設業は細かく分業化されていたのですが、それを当社でまとめて請負う体制を作りました。人手不足になり、私は現場を離れ会社の管理にまわり、社員の募集を始め、その頃からやっと会社らしくなっていきました。

❖ 会社のターニングポイントはありましたか？

バブルがはじけても、建設業は以前に契約した仕事がありますので、数年は持ちこたえられます。しかし数年後影響が出始め、元請けメーカーの仕事が極端に減少しました。それまではS社の仕事だけをこなせばよかったのですが、新規開拓をしなければならなくなり、これを機に、本社を台東区に移転しました。

新規開拓にはつらい経験も多々ありました。仲間内の業者から、人手が足りないので大手重機械系の会社の仕事を手伝ってほしいと頼まれました。ところがその業者が工事の途中で倒産してしまい、二千万円が不渡りになりました。それまで赤字を出したことのない会社でしたのであわてました。工事の途中で倒産したもので、元請けメーカーも困ったと思います。工事の続行が必要なわけで、これはチャンスと直接取引の交渉をし、全て当社のお客様になっていただくことができました。

あらかわ遊園・ジェットコースター

❖ 御社の事業についておうかがいします。

主に立体駐車場の据付工事や、機械器具の設置工事など、重くて大きくて動くものの工事をしています。技術力の進歩とともに社会環境は変化し、駐車設備のあり方もそれと併走する形でさまざまな対応を求められています。面白かった仕事と言えば、東京・あらかわ遊園のジェットコースターの更新工事があります。これは東京都の施設として三歳幼児からお年寄りまで、腰を抜かさないですむユニーク

郡山マギー駐車場

な芋虫の形をした「日本で最も遅いジェットコースター」として運行されています。また東京ドームの絶叫マシンのタワーハッカー（フリーフォール）の据付など遊戯機械の据付も面白い仕事でした。

❖ かなり危険と隣り合わせなお仕事ですね。

たしかに事故と背中合わせの業界です。最近の高層マンションなどでは、地上一〇〇メートルのところでの仕事ということもよくあります。ですから、安全に関しての教育にはとりわけ力を入れています。人命にかかわる大事故は、会社の命取りになることもあります。そのためにも、二〇〇四年に品質マネジメントシステムＩＳＯ９００１―２０００を取得しました。社員の責任、義務、品質、安全に対する意識の向上が、事故防止につながります。このシステム化により、今までやってきたことを整理することができました。

また、当社の職人のような機械据付技術者は高い技術力が必要とされます。高いところに重たいものを小さな力であげていくのですから、経験もさることながら知識と知恵の要る仕事です。この仕事はやり始めるとかなり面白い仕事だと思います。ベテランの職人から若い職人へ技術の伝承をしていくことが、これからの課題の一つでもあります。

❖ 会社の危機はありましたか？

一九九九年、会社の業績が悪くなり始め、どうにかしなければいけない、変わらなければいけないと考えました。それまでは同業種の中での経営しか見てきていませんでしたので、自分が変わるにはもっと広い世界を知る必要があると思いました。台東区のプラザ91という異業種交流会を始めいくつかの勉強会に参加することにより、社長とは、会社とは、ということをあらためて考えるきっかけとなりましたし、心を許せる経営者仲間と出会うこともできました。中でも中小企業家同友会の勉強会に参加している会社は皆経営理念や経営計画を持っていました。

それまでの私は、経営理念の必要性を感じてなどいなく、またそれがなくてもなんとかやってこられました。人間落ち込んだ時にこそ見えてくるものがあるものです。なんとかしなければいけないという一心で勉強会に出続け、「私たちは技術の創造により、人間性の向上、品質の向上、利益の向上を目指し、全員参加の経営を図り、社員・協力業者のレベルを上げ、顧客の信頼を得ることで、社会に貢献します」という経営理念を作りました。三カ月後に社員や専属外注の技術者二十数名を集めてその経営理念や、経営方針・経営計画を発表しました。そこで、私は「どういう思いで経営理念を作ったのか。何のために会社を経営しているのか。会社の目指す方向は。会社の今の実態は」ということについて初めてじっくりと話しました。この会社は誰のものでもない、みんなのものだという帰属意識と責任感を持ってもらうことが、危機を乗り切る力だと考え、毎年この「経営指針の発表会」を続けています。そして自分の思いを繰り返し発言することで浸透してきているのではないかと思っています。

❖ 牲川さんの「思い（夢）」とは？

思えばかなり波乱に富んだ人生を歩んできたかもしれません。いかなる境遇にあっても、何時も心にあるのは、「生まれてきてよかった」ということです。命があるだけでも感謝ですという思いなのです。私は実は父親が誰か知りません。勿論母は知っていたのでしょうが。母の死後伯父さんから聞いた話では、父親にわかると先方に取られると思ったようです。私は母の四十二歳の時の子どもで、おそらく自分で育てるとの意思が強かったのでしょう。今は亡き育ての父親、そして母親に感謝しています。今、私がこの世にいる、生きているだけで丸儲けなのです。

四十四歳の時に直腸ガンの手術をして、今は人工肛門を着けています。この時も人生終わりかなと思いましたが、神様が生かしてくれています。その後一病息災で健康には十分注意しながら生きていますが、基本的には生きているだけで丸儲けなのです。死んでしまったら終わりです。

今後も会社、社員、協力業者、顧客、家族、仲間そして社会のため微力ながら残り少ない人生を頑張って生きたいと思います。

❖ インタビューを終えて

終始笑顔で、「私の人生は運がいいです。厳しいこともありましたが、乗り越えてこられたのはずいぶん運に助けられました」と謙虚に、そして力強い言葉の数々には、自信が溢れていました。「生きているだけ丸儲け」そうですよね。だから何だって乗り越えられる！

武士道とは勝つことと見つけたり
企業は、何のために戦うのか、それを明確にすることです

（有）ぶしどうマネジメント　代表取締役　濱本　克哉

【プロフィール】
一九六一年十月長崎市に生まれる。一九八五年関西学院大学文学部卒業後、ジャスコに入社し、一年で退職。その後、無職のまま結婚し、塾講師、出版社の営業マンなどを経て、経営コンサルタント会社に入社。一九九七年に独立・創業。二〇〇五年五月有限会社ぶしどうマネジメント設立。現在は、経営コンサルタントとしての起業志望者を支援するマーケティングサポーターズクラブ（ＭＳＣ）を運営しており、全国に会員約七十名が在籍。ちなみに、自宅では妻と子ども四人（男三人、女一人）という大家族のパパでもある。
http://www.bushidoman.com/

❖　濱本さんは、大変いろいろなご職業を経験されていらっしゃいますが、それはどのような経過だったのですか？

大学卒業後、「接客業につきたい」と考え、ジャスコへ。しかし、根性がないもので、牛乳を運ぶ肉体労働に耐えきれず、一年で退職。その後、体を使って働くことはやめて、頭脳労働

にシフトしようと学習塾講師になりました。ある時、子どもや主婦ばかりと接していて、いつの間にか「生徒のお父さんと話すのが怖くなっている」自分に気がつき、このままではいかんと学習塾を退職。ある専門分野に特化した出版社に入社しました。しかし、給料が安く、家族を養えなかったので一年でやめ、今度は部分ではなく、企業経営全体が見られる仕事につこうと、三十一歳の時に小さな経営コンサルタント会社に入社しました。そこでコンサルティングの経験を蓄積しました。その後、会社を移ったり、独立したりしたものの、十六年間、この職種で通しています。若い頃に転職を繰り返したことは、経営コンサルタントの仕事に役立っています。

❖ これから起業しようという人へのアドバイスをお願いします。

「戦争が上手な将軍は、まず机上のプランで勝ってから、その後に戦争を始める」と孫子は言いましたが、これから起業する方にもピッタリ当てはまる言葉だと思います。プランの中でもっとも重要なのは、マーケティングプランです。残念ながら、あちこちで行われている「事業計画策定研修」では、ほとんどマーケティングプランは扱われていません。中小企業診断士の先生方でも、本当にわかっている人はごく少ないからでしょう。見込客を集め、顧客にしていくまでの流れをしっかりと机上で作ってから、起業していただきたいと思います。

❖ 会社を継続し発展させていくために必要なことは？

一番大事なのは、きちんと基本戦略を考えて、「決心」することです。といっても、企業家の場合、会社の戦略はほとんどご自分の人生戦略と一致するはずですから、まず、人生の方向性を明らかにすることですね。「あなたの人生の目的は何ですか」と問われて答えられない経営者はダメです。

戦略には、戦略目的「何のために私たちの貴重な人生の時間をかけて戦うのか」と戦略目標「いつまでにどのようなことを達成しなければならないのか」があります。この二つを明確にして、胸に刻むことが必要です。あとのことはすべて、戦略との整合性を図りながら決めていけばよいということになります。

❖ 社長の役割とは何でしょうか？

社長はリーダーですね。船でいえば船長です。船長は、長い航海の末にきちんと目的地にたどり着けるよう船の方向性を決めて進ませ、ずれてきたら軌道修正する必要があります。嵐や自然災害、海賊への対処も考えておかねばなりません。また、船員が最後まで無事に過ごせるよう、食糧の補給や病気発生時の対応、精神面のケア、日常的なルールまで仕組みを作っておき、さらに、自分が事故等で働けなくなった時でも船の運航に支障が出ないよう、次の船長も育てておかねばなりません。

いろいろとありますが、これらをすべてひとりで十分にできるわけがありませんので、人に任せることが必要になります。社長の役割は、

・衆知を集め、戦略（方向性）を決めること

※小規模企業なら、企画・生産・仕入・販売・人事・財務等、部門ごとの戦略も含みます。

・指導力を発揮し、適材適所で役割分担すること

だと言えます。

❖ 経営上のターニングポイントとは？

進行方向に嵐が迫っていたら、船の方向を変えざるを得ません。そのまま突っ込めば転覆します。経営上の嵐にはいろんな種類がありますが、それに気付いた時が、倒産回避のターニングポイントです。「既存商品のニーズが冷え込む」「原材料費、燃料費が上昇する」「今の儲け主義でいけば、いずれ顧客離れを招く」など。また、進行中、すぐ近くに食物その他の資源が豊かな島を発見したとします。その楽園のような島と出会った時が、大発展を可能とするターニングポイントと言えるでしょう。「新技術・新商品との出会い」「パートナーとの出会い」「ニュービジネスとの出会い」など。ピンチを回避し、チャンスをつかむには、経営者自身が

情報に敏感で、キャッチしたらすぐに行動することが大切です。ターニングポイントは万人に訪れるものですが、その時どう対応するかによって吉凶がはっきり分かれます。

❖ 社名の「ぶしどうマネジメント」の由来は？

武士道ファンは私を含めて日本中に数多く存在すると思いますが、武士道といえば新渡戸稲造の『武士道』のイメージを持っておられる方がほとんどでしょう。私も武士道の入り口はそこでした。孔子の影響を強く受けたものですね。しかし、その後、中世の武士、特に武田信玄や豊臣秀吉など戦国武将の考え方、実践内容を見ていくうちに、むしろ、孫子や老子の思想に近いと思えてきました。日本人は、仏教、儒教など、大陸から伝わる思想を上手に取り込み、日本の風土に合わせる能力にとてもたけていますが、武士道もさまざまな要素を混ぜ込んで、日本風のものを作り上げていったのだと思います。

環境に適応しつつ、絶対に勝つ、あるいは絶対に負けない態勢を築くためにすべてを活用するのが、本来の武家棟梁の思想でした。その中心にあるのは「勇気」です。「ぶしどうマネジメント」の社名には、経営者が武家の棟梁と同じように、「絶対に負けない」という気持ちで、「勇気」をふり絞って前に進むことを支援するという意味を込めています。また、戦いに集中している時には時間の経過を意識しなくなるはず。時を超えるほど経営に集中する、という意味も入っています。「ぶしどう」とひらがなにしたのは、現代に合った武士道、しかも日本特有のものである点を表しています。

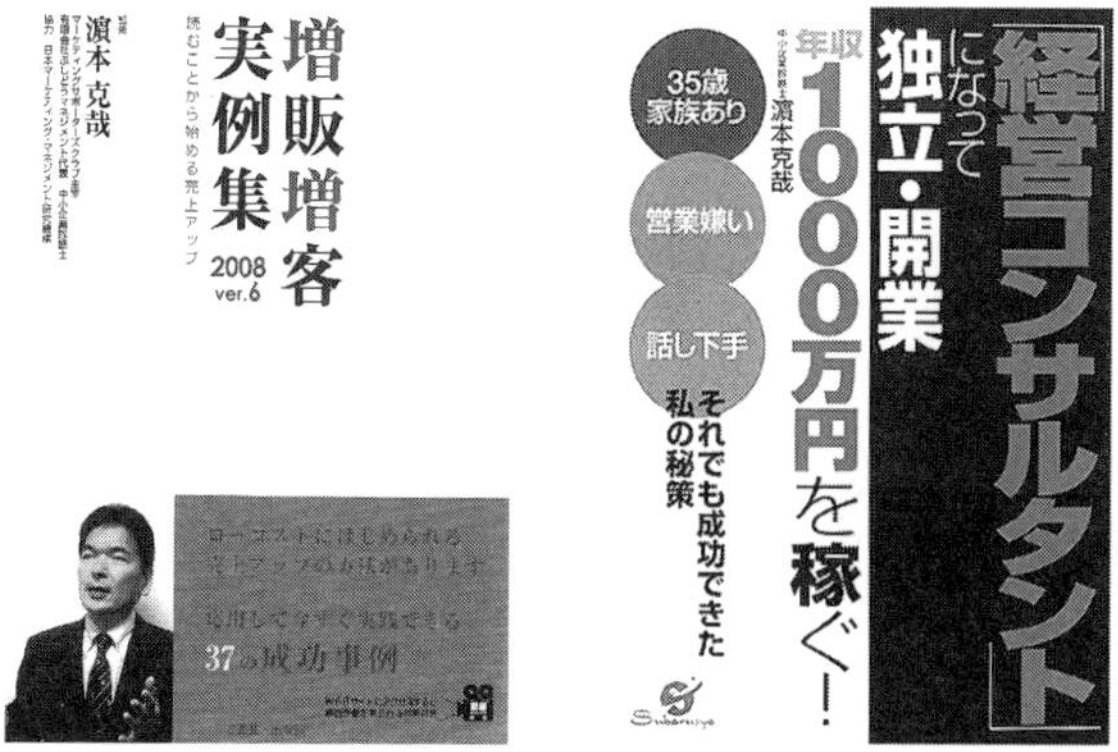

濱本氏著書　『増販増客実例集 2008 ver.6』
『「経営コンサルタント」になって独立・開業
年収 1000 万円を稼ぐ！』すばる舎

❖ マーケティングサポーターズクラブ（MSC）とは？

マーケティングサポーターズクラブ（ＭＳＣ）は、「独立したての頃の苦しんでいた私自身」をターゲットとして、二〇〇五年六月に設立しました。経営の専門家といわれる人たちは、確かにそれぞれに役立つ知識や技能、経験をお持ちなのですが、マーケティングを知らないために、独立しても顧客を得られず、苦しい生活を送っている人が多いのです。しかも、経営の「専門家」のはずですから、かっこ悪くて人に言えずに悶々としています。企業経営はマーケティングを中心に回っていますので、すべての専門業務はマーケティングとつながっているのですが、その中心を知らずしてアドバイスをするというのはおかしいですね。簡単に言いますと、「顧客志向が大事」とすべての経営の専門家は口にしますが、自ら顧客志向を実践できている人はほとんどいません。それでいながら、経営者にアドバイスをしています。例えば、マーケティング思想の欠落した「人事考課表」などを平気で作っています。

ＭＳＣは、「会員自らが主体的にマーケティングを学び実践して、技能を身につけ成果を生み出すこと」「その技能を各会員の顧客企業・団体に応用することにより、日本各地の活性化に寄与すること」を目的とした、各種経営専門家の団体です。現在、中小企業診断士、税理士、社会保険労務士、技術士、デザイナー、ビジネスコーチ、各種コンサルタントなど、約七十名が在籍しており、日々マーケティングの研鑽に励みつつ、それを自分自身の専門領域と連動させて、全国各地で活躍しています。

またＭＳＣでは、無料メールマガジン「日経ＭＪに見るマーケティングの戦略・戦術」（配信部数約三万部）を平日日刊で配信しています。このメルマガは、基本的には、売り上げアップに成功したという記事を選び、その背後に隠された重要なポイントを読み解くようにしています。特に、商品コンセプトや顧客ターゲットをどう設定したのか、マーケティングプロセスはどう組み立てたのか、ツールやイベントに施した工夫は何かなどが大事な点になります。事例に学びつつ、自社では「どう相手を動かし、喜ばせるか」を考えるきっかけにしていただきたいと思っています。

❖ これからの「思い（夢）」は？

江戸時代、明治時代に外国人が日本に来て、日本人のすばらしさに驚いたそうですが、日本人の底にはそれだけの美徳が眠っているはずですので、企業の支援を通して、その復興のために活動できればいいですね。しばらくは、マーケティングサポータークラブ（ＭＳＣ）で実績を積み重ね、土台が固まってきたら、マーケティングだけでなく、トータルに企業経営者を支援する組織を作りたいと思います。ひいては、日本の子どもたちの教育環境づくりにつなげていくのが私の夢です。この夢物語をどう実現させるか。まさに私の戦略と戦術にかかっていますが、あまり肩肘をはらず、老子のように自然体で取り組んでいきたいと思っています。

❖ インタビューを終えて

昔から国際交流の拠点であった博多から、新しい武士道の精神を力強く発信してくださっています。「絶対に負けない」という気持ちで、「勇気」をふり絞って前に進むのが経営者。日本ののぶしどうが、世界の BUSHIDO に！

絵コンテ業界トップを走り続ける熱き経営者

退路を断つことから始まる成功への道！

（株）アクア　代表取締役　原田　弘良

【プロフィール】

一九六三年埼玉県に生まれる。一九八二年中央大学に入学。一九八六年同大学卒業。テレビ局入社、文字放送部配属。翌年パソコン通信関連の子会社へ出向。一九九一年発起人七名で（有）アクア設立、代表取締役就任。一九九八年第二創業。二〇〇二年株式会社アクアへ組織変更。代表取締役就任、現在に至る。社員数四十名、年商五億円。

趣味は映画鑑賞（年間百本以上は観てます）、ゴルフ、カラオケ。

座右の銘「人は石垣、人は城、情は味方、仇は敵なり」

http://www.aqua-web.co.jp/

❖ どのような少年時代を過ごされましたか？

親父は建築板金という仕事を自営でやっていました。その親父は酒乱で、私が小学生の頃、酔っぱらってはおふくろを殴るけるの状態で、おふくろは近所の家にかくまってもらい、私が朝雨戸を開けて母を家に入れてあげるという毎日でした。飲んだくれて、ろくに働きませんので、私の家はものすごく貧乏でした。おふくろは私たちを育てるために、朝は新聞配達、昼はヤクルトの配達と仕事を掛け持ちで働き、私も小学校の時にはおふくろの新聞配達の仕事を手伝いました。中三からはスーパーでバイトをして、一浪して中央大学に入りました。大学時代は、学費も自分で稼ぎ出しました。自分の人生は自分で切り開けとよく社員に言っていますが、その言葉は私自身の体験からきたものです。

おふくろを苦しめ続けた親父は六年前他界しましたが、その親父を私は最後まで許すことはできませんでした。そのことについては、今では後悔しています。「親孝行したい時には親はなし」と言いますが、本当にそうですね。

❖ 大学を卒業されてからは？

大学を卒業後、東京キー局のテレビ局に入社し、当時新規事業であった文字放送部に自分から手を上げました。そこで、社長表彰を何度ももらいましたが、大企業のヒエラルキーが私には合わないと感じ、三年で退職しました。きっかけは、あるコンテ会社の社長から、役員としてこないかと誘われたことです。ところが、その会社に入ってみますと、とんでもない社長で、社員たちを、安い賃金で週五日徹夜という過酷な仕事をさせていました。半年ほどたって二十数名いた社員の人たちに、みんなで独立しようと動議を出し、社長の片腕である制作部長の家に集まって話し合いました。みな賛成して、決をとることになったのですが、最後にその制作部長一人が、社長には恩があるから残ると言ったことから、みな反対に回ってしまいました。そこで、不本意ながらやむなく、私は責任をとって独立することになりました。

❖ 期せずしての起業だったのですね。

一九九一年有限会社を立ち上げ、私と同時期に入社しそして退職することになった新卒社員二人と、新たに採用した美大出身者たちの七名でスタートしました。貯金などなく、お金には本当に苦労をしました。創業直後の三カ月目にどうにもならなくなり、テレビ局時代から自己啓発セミナーがきっかけでお付き合いのあった造園業を営む社長さんに、三百万円の借金をお願いしました。八王子の大きな喫茶店で、私が借金をお願いしますと、その社長は「今の原田君は乞食と同じだ。そんな人間にカネを貸すバカがどこにいる！」と言って席を立ちました。私はあわてて、人目もはばからず土下座して「五万でも十万でも貸してください」とすがりました。その社長は黙って座り、懐から三百万円を取り出し私に差し出しました。初めから貸してくれるつもりできてくれたのです。私を試したのです。その後半年くらいで返済をすることができましたが、その社長には感謝してもしきれません。

❖ プロフィールに第二創業とありますが？

私以外は全て技術者で、私は営業兼社長兼受付で、六年間誰一人やめることもなく、仕事は順調でした。私は絵が描けませんが、一緒の部屋で仕事をしていて、彼らの描くタッチでその人の体調や心の状態までわかるようになっていました。クオリティを大切にやってきたことで、かなりの信用がついていました。私は事業の拡大をしたかったのですが、技術者たちは、社員を増やすと自分の技術が盗まれるのではないかと、現状維持を主張しました。半年間話し合った結果、他のメンバーたちと暖簾を分けることになりました。借金をして退職金を用意し、写真資料、機材等一切を渡しました。私に残ったのは、アクアという社名と今までのお客さんとの信用だけでした。

新しいスタッフを雇いましたが、クオリティは劇的に下がりました。この人はという数人の、どうしても力になってもらいたいお客さんには、腹を割って全ての事情を話しました。その方々は、明らかにクオリティが下がったことがわかっていても黙って仕事を出し続けてくれました。

❖ 原田さんには、節目節目にたくさんの恩人がいらっしゃいますね。

大きく私の人生で三回、助けてくれた恩人がいます。最初は、子どもの頃、酒乱の親父からおふくろをかくまってくれた近所のオバサン。創業の時にお金を貸してくれた、造園業の社長や友達。そして、第二創業の時に、黙って仕事を出してくれたお客さんです。その方々に救われて、今日まで来ることができたと思っています。足を向けて眠れません。

人生には何度か本当の危機に陥る時があります。そんな時にどこまで自分自身が踏ん張れるかが、人生の真価を決めることのひとつだと思います。危機に陥った時には周りにいる友人知人を含めた多くの人が去っていきます。そんな中でも、力になってくれる人がいます。まさしく恩人です。人間、捨てたもんじゃあないなぁと思います。人は見ていないようで見ていてくれます。必死に頑張っていれば、どこかできっと誰かが見守っていてくれるものです。どんな状況になっても、腐らずあきらめず生きていくことが大事ですね。

❖　アクアさんの事業についてお伺いします。

事業内容としては、ＴＶＣＦ等広告プレゼンテーション用絵コンテ制作、イラストレーション制作、新聞、雑誌、ポスター、カタログ等のグラフィックデザイン制作、２Ｄ・３ＤＣＧアニメーション制作、オリジナルキャラクターの開発および版権管理等をしています。

絵コンテとは、広告を制作する側が、広告主やスタッフにそのイメージやアイディアを伝えるためにビジュアル化したものです。プレゼンテーション絵コンテとは、依頼を受けた代理店

社員とともに

さんを勝たせるためのイラストです。縁の下の力持ち的仕事です。そのままイラストレーションとしてテレビＣＭに使われることもありますが、絵コンテということでは日の目を見ることはありません。ですが、広告代理店さんから見ると勝てる絵コンテの提供をし続けてきたということが、今につながる一つの要因ではないかと思っております。

当社の大きな特徴となっている、「アクア式」というコア・コンピタンスがあります。年間三千〜五千案件のイラストを描きます。首都圏で流れているＣＭの三分の一くらいは当社がかかわっています。なぜこのような大量の仕事をこなせるかと言いますと、分業制をとっているからです。この分業制により、均一で質の高い作品を提供することができます。これを、当社では「アクア式」と言っています。この「アクア式」に加えて、「プロジェクト・マネジメント力」＝営業力で、広告代理店、制作会社、出版社等からお仕事をいただいています。

❖ アクアさんは、素晴らしい経営理念と行動指針をお持ちですね。

私は文字通りたたき上げで、山賊の頭領みたいに、私自ら一人一人にこまごまと指示をしながら山々を駆け回るというやり方で経営をやってきました。数年前、社員が二十名くらいになった時に、経営セミナーに参加するようになり、本当に長い時間がかかりましたが、経営理念を作り上げました。これにより、アクアはどこに、何のために、どんな姿勢で向かっていくのかが明確になりました。同時に、社員が人として成長し、結果を出せる営業・制作になるための心得として、「アクア社員十の行動指針」も作りました。経営理念は、「私たちは様々な表現媒体を通して、人々に『夢』と『感動』をお届けします」です。

❖ 仕事をやっていて感動する瞬間とは？

今の仕事で言えば、広告代理店のＣＤの方をはじめ、十人ぐらいのお客さんを前にして、上がった絵コンテを披露しながら納品する時があります。その時に、居合わせた人たちの間で「オオ〜〜！」という声が上がる時が、メチャクチャ嬉しい瞬間です。「ヤッター！」「やってヨカッター！」と思います。お客さんを「感動」させることができた時が、この仕事の素晴らしさを実感する瞬間です。

❖ これからの事業展開は？

アクアという会社は感動という商品を生む大いなる水、海ではないかと思っています。目指す海は、ブルーオーシャン＝競合のない世界です。事業の展開としては、今まではB to Bの仕事が多かったのですが、これからはB to Cの仕事も多くやっていこうと思っています。

私の人生は、これまでいつも崖っぷち、後ろに下がれない、だから前に進むしかありませんでした。不況感が蔓延《まんえん》している今でも、私はすこしも悲観していません。どんな時でも次の一手を準備してきた経験があるからです。

❖ インタビューを終えて

お父様のお話、恩人のお話になると、涙を浮かべ声を詰まらせていらっしゃいました。人情の厚い、熱血漢の経営者です。社員の皆さんにとっては、社長であり、人生の良き兄貴のような存在でいらっしゃるのではないでしょうか。ブルーオーシャンをこぎ進むアクア号の勇姿が目に浮かびます。

視覚障害者の情報バリアフリーをテクノロジーで支援！

自らの体験を生かす

（株）アメディア　代表取締役　望月　優

【プロフィール】
一九五八年静岡県静岡市に生まれる。一九六五年静岡県立静岡盲学校小学部に入学。一九七四年東京教育大学教育学部附属盲学校高等部に入学。一九七七年麗澤大学ドイツ語学科入学。一九七八年視覚障害者読書権保障協議会に入会。一九八二年麗澤高等学校非常勤講師（英語）、視覚障害者読書権保障協議会代表就任。一九八六年麗澤高等学校退職。国立職業リハビリテーションセンター電子計算機科入学。一九八七年視覚障害者向けのパソコン関連システム販売を開始。一九八九年株式会社アメディア設立。視覚障害者向けのシステム開発・販売を事業化。二〇〇五年日本盲人社会福祉施設協議会・盲人用具部会長に就任。
http://www.amedia.co.jp/

❖　望月さんは、静岡のご出身なのですね。高校からは東京のようですが、おひとりで上京されたのですか？

私は、小さい頃に病気をして失明しました。見えていたときの記憶はほとんどありません。ですから自分の環境が特別なものだとは思っていませんでした。誰もが思春期に感じるように、東京にあこがれました。東京に行ってみたい。田舎で終わりたくない。そんな単純な気持ちで受験しました。高校は全寮制でしたから、親も心配しなかったようです。大学から、私の普通の生活が始まりました。

❖ 普通と言いますと？

いろいろな人がいるということを知ったということでしょうか。文化が違うのだと思いました。温かい人もいれば、冷たい人もいます。理解を示す人もいれば、無関心な人もいます。当たり前のことですが、あまりセンシティブにならずに、理念や生き方を同じくする人を手繰って生きていけばいいのだと気づいたのです。

❖ 大学では何に力を入れましたか？

私にとって、人とのコミュニケーションをとる手段は言葉ですので、できるだけ多くの言語を習得したかったのです。英語はかなり習得していましたので、他の外国語を……と思ったら、当時点字に訳されていたものは英語とドイツ語だけでしたので、ドイツ語を選びました。その後、フランス語などいろいろと覚えましたが、今ではほとんど忘れてしまいました。使わないと駄目ですね。

❖ 卒業後はどんな仕事をされましたか？

麗澤高等学校で非常勤の英語講師をする傍ら、視覚障害者読書権保障協議会に入り、点字図書館など福祉施設だけではなく、公共図書館にも視覚障害者向けにサービスをすべきだという要求をする社会運動に情熱を注ぎました。その活動をしていて気づいたことがありました。私は相手に要求ばかりしていて、その結果の責任をとろうとしていませんでした。でも、会社経営は違います。必ず結果を出さなければいけません。人に要求するのではなくて、まず自分でやってみようと決心したのです。それが起業のきっかけです。

❖ 高校の講師を辞められて、コンピュータの勉強を始められたのですか？

国立職業リハビリテーションセンター電子計算機科で、一年間プログラミングの学習を本格的に学びました。コンピュータを使うことによって、私たちの世界は大きく変わりました。視覚障害者は文字を書くことができません。パソコンの普及で、私たちにも文字でコミュニケーションをとることができるようになり、世界が大きく広がりました。文字を書けるということはなんと素晴らしいことでしょう！

卒業後、視覚障害者向けのソフトウエアを開発して、パソコンとセットでの販売とアフターフォローの仕事を始め、一年後に（株）アメディアを設立しました。

❖ 会社を設立されて困難なことにぶつかったことはどんなことでしょうか？

一九九九年と二〇〇一年に業績不振と社内の人間関係の対立から社員がごっそり、辞めてしまいました。これを乗り越えるには会社の体質改善をしなければなりませんでした。二〇〇二年に東京中小企業家同友会に入会し、そこで経営技術を学びながら、業績を徐々に改善してきました。そして、その学びの中で、会社の体質を根本的に改善するのには自分の体質を改善しなければならないことに気づき、今その途上にあります。

❖ 企業理念は？

弊社は、晴眼者と視覚障害者の架け橋となるシステムの提供を目指しています。テクノロジーは障害を軽減させるために用いられなければならないのです。そして、企業は社会的役割を果たすことができなければ存在し得ないと考えます。アメディアとしては、

(1)視覚障害者の文化の向上
(2)弱視者・高齢者など見えにくい人たちの利便性の向上
(3)視覚障害者に対する社会の理解の向上
(4)障害や文化の違いを認め合ったうえでの人々の交流支援

を社会的役割と考えています。

❖　御社はホームページ上で細かく決算を公開していらっしゃいますね。とても勇気の要ることです。

これは自分のためです。私がへこたれそうになったときの勇気づけです。弊社の市場は、特殊性がありとても狭い市場です。私の経営能力の低さからでしょうか、創業以来赤字体質でした。資金繰りの厳しさは身にしみています。会社の実情は私しか知りません。だからごまかしの決算だって作ることもできます。でもそれは一時しのぎにしかなりません。そんなことをしたらもっと状況は悪くなります。決算を公開することで、自分に足かせをしたのです。悪のスパイラルには入りたくありません。夢ばかり追っていて、本当にやるというところまでいかない自分の精神構造の弱さをよく知っています。だから、そういう自分をたしなめたかったのです。おかげさまで、二〇〇七年度は黒字を確保することができました。

❖　それはおめでとうございます。ご自分の弱さとその弱さをどうすれば克服できるかをよく知っていらっしゃいますね。己を知り、己を律することはなかなかできないことです。アメディアさんの商品のネーミングがいいですね。少しご紹介ください。

印刷物読み上げソフト「ヨメール」、視覚障害者向け音声ホームページ読み上げソフト「ボイスサーフィン」、点字学習ソフト「ろくてん満天」、印刷物読み上げソフト「よみ姫」、音声・

拡大読書機「よむべえ」、点訳コピー・システム「あっと点訳」などを販売しています。

また、メールマガジン「ウェブアクセシビリティ入門」を発行しています。このメルマガは、具体例を交えながら障害者や高齢者にも優しいウェブサイトやブログについて皆様と一緒に考えていくことを目的としています。

音声・拡大読書機「よむべえ」

❖ それぞれ、望月さんの体験から開発されたもので、障害をお持ちの方には、嬉しい商品ですね。社員の方々とのコミュニケーションのとり方はどうされていますか？

社員とは、簡単な指示や情報交換なら口頭で、内容を正確に伝える必要のある場合にはメールでやり取りしています。実際、メールは相手が席についていないときでも指示や情報として送っておくことができるのでとても便利です。私はいつも早く出社しますが、社員が出社してくるまでの時間がメールでその日の業務指示を送り込む時間帯になっています。

❖ 大好きな言葉はありますか？

「可能性決めているのは君自身。一歩歩めばぐんと広がる」

❖ 望月さんの「思い（夢）」をお聞かせください。

アメディアが果たせる社会的役割を一歩一歩着実に増やしていき、社員が楽しく充実感を持って働き続けられる良い会社にしたいです。そして早くアメディアの社長を卒業して、次のステップの社会貢献に挑戦してみたいですね。

❖ 目の不自由な方に私たちはどのようなサポートをすればよいのでしょうか？

街中で困った様子の人を見かけたら、「こんにちは。何かお手伝いしましょうか？」、交差点で信号の様子がわからない人を見かけたら、「青に変わったらお知らせします。ご一緒にわたりましょう」、道を説明するときは「まっすぐ」「右」など、はっきりとした言葉で説明してください。

道で、同じ方向に歩いている人を見かけたら、「こんにちは。同じ方向に行きますのでご一緒しましょうか？」と声をかけて下さい。途中まででもかまいません。

駅で何かを探しているような人には、「どこかお探しですか？」「どこ行きの電車にお乗りですか？」「電車がきましたので中までご案内しましょう」「空いている席にご案内します」と言っていただけると助かります。

また、危険なところにいる人を見かけたら、「危ない！」と叫んだりしないで、わかりやすい言葉で説明してください。

なお、歩くときは、あなたの肩につかまって歩く歩き方が最も安心です。後ろから腕を抱きかかえて、階段や電車に乗るのを手伝ってくださる方がありますが、それは体が地面から浮くような気がしてとてもこわいのです。

また、歩くときは二人分の幅をとることも忘れないでください。いつもあなたが半歩前を歩いてくださいますと、その体の動きで、私たちは次にどう踏み出したらよいかがわかるのです。

視覚障害者は、皆さんの声かけを待っています。よろしくお願いします。

❖ インタビューを終えて

ご自身の体験を通して、さまざまな支援システムを開発し続ける望月さんのエネルギーは素晴らしい。それもいつも自然体で。その秘訣は、いつも心にこうありたいと思う夢が赤々と燃え続けているからでしょう。

第3章

受け継ぎ、そして新しき道へ——事業継承者

プロローグ

近世の大坂の商店では、後継者としての男子の誕生が喜ばれたわけではなさそうである。むしろ女子の誕生こそ歓迎されたようである。直系男子の相続が不可侵の不文律ならば、店の運命は選択の余地なく、ひとえに男子継承者の資質にかかる。女子ならば、優秀な番頭や手代から婿養子を選び、継承者にするという選択が可能である。単純な男系長子の相続という武士社会の規範は、大坂の商人にとっては合理性を欠いたのだろう。

翻って本書に登場する七人の経営者の事業承継の形はさまざまである。血縁的な継承は四人、その他が三人であるが、いずれにしろ七人の経営者の継承にいたるまでの苦悩と決断への経緯は多様である。本章での継承型経営者のインタビューは、何を先代から継承し、何を次代へ渡そうとしているのか、経営における「保守」と「革新」の相克が興味深い。

秦野　眞

小説家を目指した文学青年が経営者へ転身！

治療から予防へ、歯科医院の経営をサポートし、明るい医療の明日を創ります

（株）コムネット　代表取締役　菊池恩恵

【プロフィール】

一九五三年岩手県江刺市（現奥州市）に生まれる。岩手大学卒業。小説家を目指して上京し、執筆の傍ら、記者・外国銀行に勤務。一九八八年短編小説集『航跡』（青磁社）出版。一九九一年株式会社コムネットに入社。一九九二年同社代表取締役に就任、現在に至る。二〇〇三年『世界』（岩波書店）十二月号に「布川事件再審の扉は開くか」を執筆。二〇〇八年四月松本猛氏（安曇野ちひろ美術館館長）と共著で長編歴史ミステリー小説『失われた弥勒の手　安曇野伝説』（講談社）を出版（筆名は菊池恩恵：おんけい）。現、日本歯科人間ドック学会理事、NPO北東アジア交流協会理事。

http://www.comnt.co.jp/

❖御社の事業についてお話しください。

業種はコンピュータソフトウエア業です。なかでも歯科医療に特化して全国の歯科医院に向けて、システムや企画の開発とサポートをしてきました。パッケージソフトの制作販売ではなく、歯科業界の中にどっぷりとはまり込んで、「コミュニケーション」をテーマに歯医者さん

の経営を支援し、経営向上のノウハウ、ソフトウエア、コンテンツ、ツールも開発して提供し、最終的には歯科医院の顧客である患者さんのための歯科医院作りをしていくことを目指しています。これまで二十一年間で約千七百の歯科医院をサポートしてきました。

❖ 歯科医院も治療から予防へ視野を広げなければいけませんね。

「歯科医師過剰」が叫ばれるなかで、むし歯や歯周病という減ってゆくパイの奪い合いをする「レッドオーシャン」（血の海）ではなく、新しい市場を作る「ブルーオーシャン」への発想の転換が迫られています。患者さんをむし歯にしないこと、もっときれいにすること、また口と全身の健康はつながっていることなどを視野に入れて、全身の健康（ＱＯＬ《クオリティオブライフ》の向上）のためにきちんと口腔ケアをしましょうという働きかけができるような歯科医院を育てていくことが大切だと考えます。「口は健康の入り口」です。定期的な検診の必要性を患者の皆さんに浸透させていくことも大切です。患者さんや歯科医院さんが笑顔になれるようなサポートをしていくことがコムネットの仕事です。

❖ 会社経営をもともとから目指していらっしゃったのでしょうか？

私は岩手県の生まれで、岩手大学を卒業後、小説家を志して上京しました。岩手県は、一昔前まで「日本のチベット」と言われ、冷害、凶作などの災害も多いところです。歴史的に、岩手県には、中央に対する反骨精神やたくましい自主独立の精神が旺盛で、私にもこの風土に根ざした精神が根底にあるのでしょうね。何事にもへこたれない！　夢は絶対にあきらめない！

そう思って上京しました。

しかし、上京したはいいのですが、物書きだけでは食べていけないので、十年間、青年向け新聞の記者や、東京にあった中米Ｃ銀行の駐在事務所で働きながら小説を書き続けていました。Ｃ銀行の事務所は、国の借金や貿易の決済などが仕事ですが、最後は駐在員夫妻と私だけという小さい規模で、私はそこで「駐在補佐」として何でもやっていました。一九九一年、中南米の国々はどこも累積債務で大変な状態でした。湾岸戦争が勃発して、その中でＣ銀行も日本の事務所を閉じることになりました。

「ならば一緒に仕事しないか」と先代社長に誘われ、コムネットに入社することになりました。ところが、入社直後に社長から、「じつは私はガンだ。もしものことがあったら、この会社を頼む」と言われたのです。小説家になるのが私の夢でしたが「頼む」と言われたら、いやとは言わない主義です。翌年、「もしも」が現実になってしまいました。社長が亡くなり、私は経営者としてほとんど準備がないままに社長に就任することとなりました。

❖ 経営者になることは大変だったのではありませんか？

私の祖父は、村の尋常小学校の校長を辞め四十歳になってから上京して東大に入って医者となりました。そして故郷岩手の無医村に戻り、医療が受けられない人のために人生を捧げた人です。その祖父の生き方が影響していたと思いますが、理想の医療への思いもあり、この世界に飛び込むことにはためらいはありませんでした。

しかし、先代からの頼みで社長を引き受けましたものの、文学青年にとっては、どうやってヒト・モノ・カネ・情報を動かすのか全くわかりませんでした。三十八歳、青年実業家と言えば聞こえはいいですが、何もできません。そこから私の経営修行が始まりました。試行錯誤というよりは、錯誤・錯誤の毎日でした。コムネットは会社ができて五年、会社組織のカタチもできていない。そこで入社一年目の私が社長になったわけですから、周囲は不安だったにちがいありません。

経営者としての初めての危機は、社長就任後まもなくやってきました。当時の私は経営者としての実績もないまま、鼻っ柱だけは強くて正論をふりかざしていたわけですが、営業現場はそんな正論ばかりでは通らないところです。ビジネスパートナーである営業が次々に、自分たちで同じ歯科界相手の事業を始めたのです。明確な造反、裏切りでした。社員の引き抜きも行われました。生来「性善説」で生きてきた私ですが、この時は人の心を疑いました。ビジネスの世界の厳しさを肌で感じました。当然、業績の落ち込みはひどいものがありました。

しかし、それに対して私は闘志を燃やしました。高校時代は応援団で、体力、気力の「限界」まで鍛えあげる地獄の特訓を経験して「死ぬかな」と思ったこともあります。その経験からすれば、半端なことではくじけない、あきらめないという精神がたたき込まれていました。その時は負けてたまるか、なにくそ！　でした。

❖ どのように乗り切っていかれたのでしょうか？

企業理念の組み立て、そして新しい商品・サービスの開発をして質を向上させるしかないと、必死で取り組みました。その結果、社内に団結力ができ、支持してくれるお客様が増え始めました。我々の理念、すなわちコムネットの存在意義は何なのかを社員と共に考えました。私たちの本当のお客様は誰なのか、それは歯科医院の先にある患者さんであり、その患者さんの幸せのためにやっていこうと、言ってみれば、近江商人の商いの哲学である「売り手良し、買い手良し、世間良し」の「三方良し」の精神です。患者さんを真ん中にして、歯科医院もコムネットも皆が笑顔になれるような「win-win-win」の関係を目指し、「患者さんに笑顔と健康を。歯科医療に夢と誇りを」を経営理念に掲げました。

❖ 菊池さんは、小説家を目指して上京されたと伺いましたが、執筆活動はどのように進められたのですか？

大学の四年、一九七六年から小説を書き始め、一九八八年に最初の短編小説集『航跡』を出版しました。その後、長編小説『塵の光彩』『熱雷の彼方に』、短編では『注油厳禁』『最後の交信』などを雑誌に執筆しました。二〇〇三年には『世界』（岩波書店）十二月号に評論「布川事件再審の扉は開くか」を執筆していますが、しばらく小説を発表する機会を持てずにいました。一冊目の出版からちょうど二十年ぶりの二〇〇八年に講談社から長編歴史小説『失われた弥勒の手』を出版することができました。

『失われた弥勒の手』 講談社

この小説は、安曇野に住む友人の松本猛氏（安曇野ちひろ美術館館長）との共著で、四年がかりで書き上げました。私と松本氏とは三十年来の「物書き仲間」であり「飲み仲間」「山仲間」です。彼から、二〇〇四年の夏に一緒に登った乗鞍岳で、安曇野に伝わる渡来仏の謎に安曇族の歴史を重ね合わせて小説を書かないかと言われて、私は即座に応諾しました。二人で一つの小説を書くというのは初めての体験でしたが、とても充実して楽しかったです。韓国や九州への取材もすべて一緒に行き、資料集め、書く文章の量も同じにして、励まし、刺激しあって書き続け、最後には一人で書いたように統一性を持たせました。

❖ 経営と執筆を両立させるための時間の使い方はどのようにされたのでしょうか？

私たちすべての人間に平等に与えられた唯一のものは、一日二十四時間という「時間」です。「いつまでに何をどうやる」という目標設定をして、そのために時間を管理することです。私の場合は、毎日、終電で家に帰り着いて、午前一時から三時までの二時間が小説の執筆時間でした。この生活を一年半続けました。この二時間に集中できるように回路を切り替え「酒を断って」パソコンに向かいました。仕事を引きずらないように、どこまで何をするか、そしてどのような結果を出すかを決めて仕事をすることが求められます。

❖ いつごろから、小説を書きたいと思われたのですか？

大学に入ってからです。高校までは絵描きになりたかったです。少し長く大学生活を送り、書いた卒論は近代文学です。「北村透谷」という明治時代の自由民権運動の中で生きた詩人について、二百枚書きました。「近代文学の自我と主体考」というタイトルです。北村透谷は、自由民権運動に参加して挫折し、最後は自ら死を選ぶのですが、その自由民権運動が「地底の水脈」として、「国民の元気」、人民の心の元気として脈々と生き続けていることに着目していたのです。同時代の島崎藤村は彼を「最も高く最も遠くを見ていた人間」と語っています。明治時代は、天皇主権の時代でしたが、その中で国民主権を謳い、国民の抵抗権まで謳った「五日市憲法」という私擬憲法も作られた時代でもあります。透谷を研究し、悩み多き自分自身に向き合う中で、これからの生きてゆく道を小説という形で、人間像を描くことで探求していきたいと考えました。

いつの時代もみんな一生懸命生きている。苦しかったり、思うようにならなかったりするけれど、頑張って良い社会を作り、家族を守って精一杯生きている、そんな人たちを描きたいと思い、今もそれが私の執筆の原点になっています。文学は私にとって、「私は何者か？」「われわれは、どこから来たのか、そしてどこへ行くのか？」ということを考えるプロセスなのです。

❖ インタビューを終えて

物静かな菊池さんの内なる情熱は、岩手県に生まれ育ち、その地の歴史が物語る、中央に対する反骨精神や自主独立の精神が根底にありました。菊池さんにとって、会社経営も小説を書くことも、「自分は何者か？　どこから、そしてどこへ行くのか？」を求め続けるプロセスなのですね。

悪戦苦闘の事業継承！

社員が豊かに生活できるための自己実現の場が、会社だと思っています

インターワイヤード（株）代表取締役　斉藤　義弘

【プロフィール】
一九五六年東京に生まれる。一九七九年慶応義塾大学経済学部卒業。斉藤コード製造（株）入社。一九八五年取締役就任。一九九四年インターネットに出会い翌年マルチメディア事業部設立。一九九七年社長就任。一九九八年本社岩手工場ＩＳＯ９００１認証取得。東京都ＩＳＯ１４００１取得助成第一号に選出される。一九九九年インターワイヤード株式会社に社名変更。二〇〇〇年一月全社ＩＳＯ９００１認証取得。十二月全社ＩＳＯ１４００１ 認証取得、ＪＩＳ１５００１プライバシーマーク認証取得。二〇〇五年マルチメディア事業部を天王洲創業支援センターに移転。
http://www.interwired.co.jp/

❖ 創業九十年の歴史をお持ちですが、事業継承のお気持ちはいつ頃からですか？

一九一九年、祖父が二十五歳位の時に、電線類の製造を開始しました。当時ではベンチャー企業だったと思います。その祖父が五十代を前に亡くなり、大学を出たばかりの父が社長を受け継ぎました。その父も四十九歳でこの世を去りました。私が高校生の時です。叔父が後を継

いでくれましたが、私は大学を出るとすぐに入社しました。周りから言われていたこともあって、小学生の頃から父の後を継ぐものだと漠然とは思っていました。

❖ 学生時代に熱中したものは？

高校・大学と、体育会のアーチェリー部に入っていました。戦績はといいますと、私が大学で部に在籍していた時は、団体戦の関東大会二位が最高でしたが、前後の年代は全国制覇を成し遂げました。今思いますと、私たちの世代にはスター選手がいませんでしたので、それが全国制覇できなかった原因かもしれません。

体育会系というのは、不条理なものもそのまま受け入れなければならないところがあって、黒いものでも、先輩が「白」と言えば白になるみたいな……そういう不条理への反発をばねにして、自分で考える力ができ、仲間との絆も生まれました。目標を持つことの大切さも学びました。今でも、当時合宿していた長野県野辺山に毎年仲間と遊びに行きます。今はアーチェリーではなくて、ゴルフをしたり、飲んで語り合ったりしています。

❖ 入社後に取り組んだことは？

入社後、コンパウンドをトラックから倉庫に運ぶ資材部の仕事を七年間やっていました。その間、ひとりの入社もなく、これではいけないと感じました。計画的に採用することを考えなければと思っていた矢先に、東京中小企業家同友会というところで、共同求人活動をしていると友人から聞き、早速入会しました。しかし、業種的に新規採用は非常に難しいものがありました。そこで、大田区・品川区の経営者が企画した「リチャンス」という中途採用者の求人活動に参加し、そこで、車の部品製造会社の生産管理をやっていた人物と出会いました。その出会いは、その後の私の会社経営に大きな力となりました。

その人が入社したおかげで、私は営業の仕事に回りました。大手の企業に行くと「何も知らないでよく来たね」と言われたりもしましたが、電線の営業は楽しい仕事でした。それまでは、放送設備用ケーブルが主だったのですが、コンピュータケーブルの分野のニーズを感じ取りました。営業の仕事は、新しい情報を得るセンサーになることだと思います。市場のニーズをつかみ、伸びる分野に飛び込むことが大切です。コンピュータケーブルの端末加工のために、思い切ってロボットを五台購入しました。仕事はどんどん増えて、二十四時間フル稼働、機械を止めないために工場の人員配置に苦労をしながら、みんなで徹夜の日々が続きました。一九九〇年代は、私にとって、仕事が面白くて仕方がなかった時代です。

❖ 会社の改革に取り組まれたのは？

東京中小企業家同友会では、いろいろな勉強会をやっていました。私は、それまで経営の勉強などまったくしていなかったので、勧められるままに勉強会に参加してみたら、目からうろこが落ちる思いでした。「どんな会社にしたいのか」「やりたいことは何なのか」思いを明文化せよと言われて、初めて真剣に経営について考えました。そして一九九二年から経営計画書の作成を始めました。

岩手胆沢工場

誰もやめない会社というのは、居心地がいいということで、ぬるま湯状態です。新しい人が入ってくる環境にするためにも、それまでの「年功序列で退職金は青天井」の給与体系を変えていかなければなりませんでした。古くからいる人の既得権をどうするかなどの問題を組合ともよく話し合い、社員の気持ちも酌みながら改革していきました。当社の仕事の中には手作業を必要とする部門もあります。そういう部門の場合、年功序列の賃金体系ではどうしても不公平が生まれてしまいます。そこで、その部門は別会社にして、能力に応じた組織にしました。

そうやって一つ一つ問題を解決していったのですが、一つの問題を解決すれば、また次の問題と、経営にこれで終わりっていうことはありません。

一九九一年に東京の工場の機能を岩手県胆沢《いさわ》に移しました。一九九八年から岩手工場ではいち早く環境のＩＳＯ１４００１、品質管理のＩＳＯ９００１を取得し、現在では全社で取得しています。東京都ＩＳＯ１４００１取得助成第一号にも選出されました。

❖ インターネット事業に参入されたきっかけは？

インターネットに出会ったのは、一九九四年末でした。経営者の勉強会で、慶応大学の研究室から「サイバースペースに街を作って、いろいろな実験をしてみないか」という話があり、直感的にかかわっておこうと思いました。四十三社で日本初の中堅企業のサイバースペースが始まりました。まずは、当社のホームページを立ち上げましたが、見に来るのはうちの社員ばかり！　という状態が続きました。しばらくして、文房具店を経営している友人から、「文房具屋はどうも先細りの業界なので、その原因を知りたい。そのためにアンケートをとりたいから、アンケートシステムを作ってほしい」と依頼があり、そのホームページにアクセスした人からアンケートをとり、メールアドレスを登録してもらいコミュニケーションができるシステムを作りました。この結果、数カ月で二万件ほどのデータが集まり、そこから、お客様の文房具店に対する不満が見えてきました。この調査結果に、ある大手文具メーカーの社長が大変興味を持ち、ＰＣ文化に対応したコンビニスタイルのレイアウトのしっかりした新形態の文房具店のフランチャイズも始まりました。

「情報エネルギーを通わせて、豊かさをクリエイトする」というのが当社の事業コンセプトです。世の中の変化に対して、会社も変化していかなければなりません。一九九九年「斉藤コード製造株式会社」より「インターワイヤード株式会社」に社名変更をしました。

❖ 社内で取り組んでいらっしゃることはどんなことでしょうか？

社員が豊かに生活できるための自己実現の場が会社だと思っています。社員が豊かになるためにも、会社は業績を上げなくてはなりません。営業は、センサーになることだと先程も申しましたが、世の中の動きにいち早く対応できる体制をとるためにも営業の役割は大切です。顧客は感謝に応じて代金を払ってくれます。売上げは顧客の感謝のバロメータなのです。工場が分散しているので、サイト間のコミュニケーションが難しくなっています。そのためにもきめ細かい経営データの情報公開が必要だと思っています。今全社員にヒアリングシートを配布し記入してもらっています。気持ちよく、能率的な仕事をするために、自分も努力するけれど他人にもこうして欲しいということなど、いいことも悪いこともすべて出してもらうことにしました。まずは社員たちが何を考えているかをきちんと知ることから、やっていこうと思っているところです。

❖ 斉藤さんの「思い（夢）」は何でしょうか？

事業承継の話はひとごとだと思っていましたが、振り返れば経営者としてはや十数年が過ぎました。最近は、経営者として後進に何を残すべきか、そのために何をなすべきかと考えることがあります。

現在の事業を何らかの形で残すのか、それよりも他に残すべき重要なものはないかと考えてみるわけです。企業三十年説を持ち出すまでもなく、企業は取り巻く環境に順応して自ら変化していかなければなりません。現在の電線製造業やネットリサーチ業を残すと考えるのではなく、残すべき重要なものが他にあるはずです。

それは、常に社会の要望に応えられるような、変化をいとわない会社、社員がそれぞれの夢を持っていきいきと働ける会社、社員の子供が入社したくなる会社。そんな会社になれるように努力し、そんな企業風土を後進に残したいと思っています。それが四代目経営者としての私の夢でしょうか。

❖ インタビューを終えて

営業は会社のセンサーになれ！

なるほど、目からうろこです。ご自分に対する厳しさと他人に対しての寛容さを兼ね備えた、懐の大きな方でいらっしゃいます。今起きていることは、自分にとって、必要・必然・ベストですと、学びを忘れない謙虚な姿勢がとても素敵です。

継承したものを守り、時代の変化の中で俊敏に対応していくしなやかな経営力に、新しい雇用の創出の期待が高まります。

一丁のおとうふからみんなの幸せ
豆腐作りを通して、食文化の大切さを守ります

(有)原商店(おとうふ処りせん)　代表取締役　櫻井　忠利

【プロフィール】

一九六一年東京都目黒区に生まれる。一九七三年目黒区立月光原小学校卒業。一九七六年目黒区立第七中学校卒業。一九七九年日本体育大学荏原高等学校卒業。一九八一年丸原商店入店。二〇〇三年有限会社原商店(おとうふ処りせん)を立ち上げる。

http://www.nishikoyama.jp/risen.html

❖　小さい頃はどんなお子さんでしたか？

父は新潟から東京に出てきて、二十歳で独立、目黒本町に店を出しました。当時の豆腐屋は朝の一時すぎから薪でお湯を沸かすところから始まる仕事でした。父は近所で家を建て直すと聞きますと、その家の廃材をもらってきて、薪にしていました。燃料費はただ！　です。

小さい頃の私は、いつも豆腐作りの音で目が覚め、両親が忙しく働くのを見ながら、大豆の中で遊んだり昼寝したりしていました。ですから両親の仕事には、「大変だ」という思いしかありませんでした。そんな環境の中で私は自分を表現することが苦手な人間に育っていきました。豆腐屋は、朝早くからのきつい仕事で、絶対に継ぎたくないと思っていました。でも商人の子どもでしたから、自分の商売を持ちたいとは思い、高校を卒業すると花屋に勤めました。しかし、二十歳の時に母が病気になり、豆腐屋を手伝うことになり、店をひとつ任されました。

❖ 任されてから、どのような商いをされてきましたか？

豆腐屋の息子のくせに豆腐を全く作ったことがなかったので、初めは試行錯誤の連続でした。それでも作れば売れる時代で、商店街には活気がありました。当時はたくさん作ってたくさん利益のとれる豆腐屋を目指していました。しかし、一九九〇年代大型量販店ができ、碑文谷から自転車で買い物に来てくれたお客さんたちがぱったりと途絶えてしまって、売上が半分になってしまいました。なんとかしなくてはいけないと、山形の「豆腐の失敗しない作り方」という講座に参加したり、京都の老舗の豆腐屋に教えを請いに行ったりしました。

❖ 山形では何を学びましたか？

豆腐屋の姿勢を教えてもらいました。おいしい豆腐を作りたいならば、「大豆に聞け、豆腐に聞け、お客に聞け」と言われました。「もっと大豆に語りかけろ、豆腐のできを良く見ろ、最後にお客さんに聞けばわかるはずだ」ということです。それまで外に出たこともありませんでしたから、いろいろなことがとても新鮮でした。

❖ 京都では何を学びましたか？

紹介を受けたお豆腐屋さんにドキドキしながら行きました。その時私はまだ名刺というものを持っていなかったのです。それで、メモ紙に住所と名前を書いたものを手渡して……先方はびっくりしていました。その社長は、「物語を作るんだよ、物語のない豆腐なんか売れないよ」と言われました。

その後もいろいろな人を紹介していただきました。ある方から、「畑に入ったことある？」と聞かれました。入ればわかると言われて、畑に行きました。双葉から育って、枝豆になって枯れる……大豆が一年で生長して豆になるまでを見届けますと、よくぞ大豆になってくれたという思いになります。そんな経験から、豆腐作りに対する心が変わりました。今日その大豆を使うのだ、という気が引き締まる思いがあります。

❖ご自身の豆腐作りで大切にしていることは？

豆腐作りは皆さん水だと思っていらっしゃるようですが、一番大切なのは大豆です。その次ににがり、三番目に水です。りせんの豆腐はその大豆にこだわっています。

一度だけ、国産大豆が高騰して、アメリカ産の大豆を三十キログラム買ったことがありました。その豆で妻と二人で豆腐を作ったのですが、おいしくないのです。作っている最中、何か別のものを作っているみたいに感じてしまって、「もうやめよう」とその三十キログラムは処分してしまいました。その時、自分の納得できる豆腐作りは何かに気づきました。

❖今、日本の農業の危機と言われています。それに対してどう思われますか？

大豆に関して言いますと、危機ではなく、危機を超えています。五パーセント……何の数字だか分かりますか？　なんと日本の大豆の自給率です。九十五パーセントは輸入ものです。日本の大切な食文化である味噌・醤油・納豆・豆腐は国産のものでは五パーセントしか作ることができないのです。無農薬・有機になりますと、〇・〇三パーセント……と言われています。驚きでしょう？　私はその〇・〇三パーセントの中から納得できる大豆を探しました。でも実は、数少ない農家の中からおいしい大豆を探すのは、私にとっては苦労というより楽しいことでした。

おとうふ店「りせん」

❖ 国産大豆にこだわっていらっしゃるようですが？

日本は、大豆の約九十五パーセントをアメリカなどからの輸入に頼っているそうです。でも、アメリカの農家というのはビジネスマンなんです。より売れるものを売るというスタンスです。大豆にこだわっているわけではなくて、トウモロコシの方がお金になるならトウモロコシでもいい。よりお金になるものを作るんです。でもそれはアメリカに合ったやり方であって、日本には合わないと思います。そのようにして作られる大豆は、誰がどのように作ったのかわかりにくいですし、大豆よりトウモロコシの方がお金になるなんて状況になれば、手に入らなくなる危険もあると感じます。私は、実体のあるお豆腐を作りたいのです。誰がどんな思いでどんな大豆を使って作ったかがわかるお豆腐。それにはやっぱり国産大豆がいいなぁと思いますね。

❖ それでは、今の日本の大豆事情はかなり心配ですね。

国産大豆の自給率の低さは気になります。実は、アメリカから大豆の輸入がなくなったら、日本の大豆はほとんどなくなってしまいます。お豆腐はもちろん、味噌、醤油、納豆なども手に入りにくくなってしまうでしょう。大豆だけでなくすべての食品に言えることですが、消費者の皆さんは、自分の食べているものに、もっと興味を持ってほしいですね。外国で大量生産されたものではなく、日本で作られたおいしいものを食べてほしいと思います。そうすれば日本の食糧自給率が自然と上がり、日本の食卓に、今よりもっと安心で安全なものが並ぶのではないでしょうか。

❖ 食糧自給率を上げる……。なかなか難しそうですね。

現在、一つプロジェクトを進めています。以前、アメリカから輸入される大豆が少なく、不足するのではと心配していた時期に、パラグアイ共和国大使館駐日特命全権大使（ベトナム・オーストラリア兼務）の田岡功さんとおっしゃる方にお会いしました。この方は、日本生まれの海外移住者で初の大使に選ばれた人で、その時に「自分の畑の遺伝子組み換えではない大豆を日本に輸入しましょう」そして、大豆の自給率を上げることも手伝うと言ってくださっています。具体的に言いますと、パラグアイの大豆農家を日本に呼び、大豆を作ってもらってはどうだろうという話です。ちょうど機械の導入によって大豆農家の労働力が余っていたこともありましたし、パラグアイは日本のためにできることをしたいと思ってくれています。

❖　何だかすごくスケールの大きなプロジェクトですね。具体的にはどんなことをされているのですか？

群馬、秋田、新潟の大豆農家の方にパラグアイ大使館に来ていただいたり、田岡大使に新潟の十日町市役所に来ていただいたりして、プロジェクトを進めるための準備をしてきました。新潟をよく知っている衆議院議員の先生に、大豆作りのための土地を紹介していただいたりもしました。もうすぐパラグアイ大使館にメンバー全員で集まって、本格的な相談をする予定です。いろいろな人に応援していただき、本当に感謝しています。

❖　いろいろと積極的に活動されている櫻井さんですが、これからの課題をお話しいただけますか？

最近、原丈人さんという方に注目しています。彼は、世界を舞台にしたベンチャーキャピタリスト（新しいビジネスや産業を育成する人）のひとりで、マイクロソフトとライバルだったボーランドなどをはじめ、多くの会社を成功に導いてきました。最近では貧しい国に対して、ただ一方的に援助するのではなく、経済的に独立し事業を成立させるための仕組み作りもしています。原氏は著書の中で、「アメリカ的な『会社は株主のもの』という考え方のもと、会社の株価を上げるために社員を削ったり、人件費を節約したりという目の前の利潤を追ってばかりいますと、一番大切なはずだった産業の中身がむしばまれていくことにもなりかねません。産業を通じて雇用を作り、人々を幸せにするためのルールが今必要になっているのだ」と。

私も、そんな目先の価値を上げるための経営はやめたいと思っているんです。みんなが幸せになるようなもの作りが行われる世の中になればいいなぁと。わが社の経営理念である「一丁のおとうふからみんなの幸せ」には、お豆腐作りから学んだ食の知識を生かして、そういう世の中になるお手伝いができればという願いが込められているんです。みんなを幸せにできるお豆腐屋さんになりたいということですね。

❖ インタビューを終えて

自分の食を見直さなければいけませんね。それが瀕死の日本の農業をよみがえらせる第一歩だと思います。「人間は自分の力でとれるものを食べればいい」赤ちゃんにお肉を食べさせる……そんな必要はないのかもしれません。日本人はもともと農耕民族だったのですから。

創業的後継者として、変化へ対応！

お客様第一主義でGood Companyを目指します

（株）第一製版　代表取締役　竹ノ上　蔵造

【プロフィール】
一九五六年東京に生まれる。都立目黒高校卒業後、日本大学芸術学部入学。一九七九年大学を卒業後広告代理店に入社。一九八二年広告代理店を退社と同時に（株）第一製版に入社。一九八五年（株）第一製版代表取締役に就任、現在に至る。
http://www.di-seihan.co.jp/

❖子どもの頃夢中になっていたものはありますか？

小学生の頃よりボーイスカウトに入り、スカウトとリーダーとして約三十五年間活動を続け、今はOB・育成会員としてボーイスカウト活動を応援しています。ボーイスカウトは、創始者がベーデン・パウエルという英国人で、第一次大戦後、疲弊しきった英国社会には戦争により家族を亡くした子どもたちが溢れていました。彼はその子どもたちを集めて生きる術を持たせ、かつ社会に役立つ人間に育てようと軍隊での経験を生かし、斥候術《せっこう》をもとにしたプログラムを作りました。斥候とは、もともと偵察や観察を意味し、敵の状況や地形などを探ることですが、彼は子どもたちのためにその技術をゲーム化し、自然の中で生活するための方法としてさまざまなプログラムを実行していきました。その中で子どもたちはいつのまにか社会の規律やルールを身に付け、リーダーシップ力やチームワーク力、発表能力が養われていったのです。これらの経験はその後の私にとって大きな自信となりました。

❖ どのような大学時代を過ごされましたか？

マスコミの仕事がしたくて日大芸術学部に入りました。大学時代は先輩からのつてで日本教育テレビ（現、テレビ朝日）のアルバイトADとして二年間にわたり番組制作の現場を経験しました。その後、テレビ局だけでなく、いろいろなアルバイトをしました。京都の民宿、飲食店、ホテルのボーイ、スーパーの店員等々……これは常に自分は何をやりたいのか、何になりたいのか、そして今何をやらなければならないのかを考えてのことでした。結果として、広告代理店への就職を決めました。

❖ 広告代理店に入られて学ばれたことは？

三年間、中堅規模の会社ですが某業界ではトップメーカーであるオーナー企業の営業担当をしていました。新人でしたがトップの方々と接する機会が多く、今考えますと、経営者としての考え方をそこで学ばせていただいたのに違いありません。もっとそこで働きたかったのですが、青天の霹靂《へきれき》、第一製版に後継者として入社することになってしまいました。

❖ それはどうしてですか？

この第一製版は妻の父が創業者で、妻は四人姉妹の四女でした。当時先代の武井昇（義父）は社員にこの会社を引き継ぐ予定でした。しかし身体を壊し、いざ役員の中からという時に、友人の経営者に「後継者を選ぶには、他人だったら百点満点、しかし身内だったら五十点でも大丈夫」と言われたそうです。会社の求心力を取り戻すには同族からということで、私に白羽の矢が立ちました。社員や取引先のためにも家業存続の責任を感じ、考えた末引き受けることにしました。

❖ 二十六歳でいらっしゃいましたね。ご苦労は？

入社した当時は大変でした。まだ製版業というのは職人の世界で、社員を後継者にと言っていましたのに、突然身内が入ってきたわけですから、そういう意味ではかなりの葛藤がありました。入社して、先代に言われたのは、「しばらくは観察をしなさい。見えてくるものがあるから」ということでした。仕事内容、社内の力関係、人間関係、部署内の関係……など会社の全体像を知り、そして社員一人一人とコミュニケーションを図ることから始めていきました。また、それまでのお得意先、仕入先をすべて回り、数字を押さえるために経理学校に通い、短期間で経営のノウハウを学んでいきました。そして自分の力を認めさせなくてはと、今までの自分の人脈もフルに使って新規開拓をし、営業として積極的に仕事を取っていきました。

❖ 二十八歳で社長に就任されましたが、その後の経過についてお話しください。

私が入社した当時は職人の世界で古い体質や慣習があり、それを改革するために、かなりの戦いがありました。無理をして当時最先端で非常に高額のモノクロスキャナーを他社に先駆けて購入し、それをきっかけにして、近代的な工場を作るための第一歩として、工場内の清浄化を図りました。職人である工場長とは二年くらい考え方の違いがありましたが、最後には「社長のやりたいことがわかった」と言い、その後は最大の協力者になってくれて、そこから会社の近代化が急速に進みはじめました。また新たに営業の改革にも取り組みました。これらの改革のおかげで、一九九〇年代のデジタル化の大きな変革の波に対応できる体質になっていまし

第一製版野球部

た。創業者は、私が社長を引き継いでから、いっさい口出しをせず、すべて私に任せてくれました。

❖ 御社の経営理念はどのようなものですか？

先代が作った経営理念「理にかなった経営・理にかなった仕事・理にかなった生活」そして、私が作った経営基本方針「Good Company 良い会社を目指そう・お客様第一主義」を掲げています。「経営理念」や「経営計画書」の作成をすることにより、今の会社の位置を確認して、一年後はもちろん三年後・五年後の目標設定をすることができました。これは私の会社経営において灯台の明かりのようなものです。

また当社は、執行役員制度を採用しています。中小企業である当社の執行役員制度は、商法上の取締役は私を初めとしたオーナー家の人間がなり、経営責任も私たちが取ることで、幹部社員には執行役員として執行に関する責任を持ってもらうという制度です。この制度により、執行役員のもと各社員が積極的に動くようになり、とても効果があったのではないかと思います。

会社は社員にとって一日のうち一番長い時間を過ごす場です。社員が生きがい・やりがいを感じながら楽しく仕事ができる環境を作ることが、私の役目だと思っています。社員には、自分のステージを作る場、自己実現の場として、まずは自分のために働いてくださいと言っています。仕事とともに自分の生活も大切にしてほしいですね。経営理念の中の「理にかなった仕事・理にかなった生活」です。

❖ 第一製版さんのお仕事についておうかがいします。

第一製版は一九四八年創業で今年創業六十一周年を迎えました。新聞・雑誌広告の制作・製版・送稿データ作成、画像処理、その他にポスターやカタログ・パンフレットなどの各種印刷をやっています。例えば、新聞の中にはたくさんの広告が載っていますが、そういったモノクロやカラーの新聞広告の製版をしています。超高速の輪転機に新聞用紙や新聞用インクという条件の悪い印刷で、最高の仕上がりを要求される画像処理の製版です。現在広告製版におけるデジタル化や電子送稿は、標準化とスピード化がさらに進んで、製版品質とともに迅速なデータ処理と送稿が求められています。

私どもは「製版業のブティック」を目指して、価格競争だけに頼らない、最高級の品質とサービスに特化した仕事をしていこうと思いました。厳しい経営環境の中、この目標の実現にはまだ「道半ば」と言わざるを得ません。

❖ 先代からのメッセージがおありだそうですね。

「我が第一製版は、ただ金をもうけるために始まった会社ではありません。戦後の混乱期に社会の進歩のためさまざまな活動をしました。今それを知る人は社にはいません。しかし民主的な正しい社会を作ることに協力する心構えは、社のどこかに流れているはずです。今当社は、事業として最大の危機に面しています。どうかみなさん、心をひとつにして頑張ってください」

これは、九十五歳を超えた先代創業者の武井昇が社員へ送ったメッセージです。

当社は、一九九〇年代から始まったデジタル化の波の中で、右肩上がりの業績を作ってきました。先代は、これこそが危機だと言うのです。鋭い指摘です。私はこの言葉を毎日思い出しながら、気を引き締めています。

❖ 竹ノ上さんの「思い（夢）」は何でしょうか？　その実現への計画は？

当社は二〇〇二年三月にＩＳＯ１４００１の認証を取得して以来、全社をあげて環境活動に取り組んできました。その成果として二〇〇六年九月に、「第五回印刷産業環境優良工場経産省商務情報政策局長賞」を、都心にある小規模企業工場として初めて受賞しました。その集大成として、将来の新工場建設を夢として持ち続けたいのです。

現在の手狭になった分散工場を統合して、環境負荷低減設備や原材料の導入と使用、新エネルギーシステムやリサイクル・リデュース・リユースへつながる排出システムの採用等々、社員のさまざまなアイデアを駆使して「夢の環境工場」を作ることが、私たちの思いです。

❖ インタビューを終えて

会社の経営を引き継いでから右肩上がりの業績を続けてこられたのは、自分の得意分野を極めて、当たり前のことを当たり前にやってきた結果、とおっしゃっていらっしゃいました。少年時代からボーイスカウトで培ったリーダーシップや冷静な状況判断の力で常に時代を捉えながら、ますます良き会社づくりをされていかれることでしょう。

商いは、子孫より預かりしものなり

家訓を大切に、債務超過からの脱出へ、十四代目奮闘中！

（合）若竹屋酒造場　代表取締役　林田　浩暢

【プロフィール】
一九六五年筑後地方では最も古い蔵元合資会社若竹屋酒造場の十三代若竹屋伝兵衛の長男として生まれる。福岡県田主丸町立田主丸小学校、田主丸町立田主丸中学校卒業。一九八四年大分県私立日田商業高等学校卒業後上京。一九八六年（株）日本経済社入社。一九八八年退社後、（株）西武百貨店入社。一九九一年明治大学政治経済学部経済学科卒業。一九九二年西武百貨店退社後、合資会社若竹屋酒造場入社。二〇〇〇年同社第十四代社長就任。二〇〇二年（有）桝屋設立、代表取締役就任。
趣味：旅行・ツーリング・読書。
http://wakatakeya.com/

❖ 歴史のある蔵元に生まれて、小さい頃はどのように思っていましたか？

私どもは、二年前福岡県久留米市に合併した田主丸《たぬしまる》町で、造り酒屋を三百十年営んでいます。周囲の大人、地域の人たちから「若竹屋の坊ちゃん」と呼ばれ、私の知らない人でも私のことを知っている……そんな環境でしたので、正直言って窮屈に思っていました。思春期の頃には、変化のない田舎がつまらなく思え、父へのコンプレックスも加わって、「若竹屋なんて継ぎたくない」と思うようになりました。こんな小さな町の、小さな酒蔵で一生を終えたくなかったのです。田舎に住む自営業の後継者なら誰でも似たような感じでしょうか。

❖ 高校を卒業後東京に出られましたね。

私の父は大阪大学工学部の発酵工学の博士号を持つ秀才です。日本酒の歴史に多大なる貢献をした研究をしています。今でもいろんな醸造関係の方が訪ねてきます。ですから強いプレッシャーがありました。ところが私は中学入試以来、受験にはすべて失敗していまして……高校でもろくに勉強はしていませんでした。父と母が高校受験の時口論している場面に遭遇しました。父が「あいつは人生の日陰を歩いている。それはお前の教育のせいだ」と母に言っているのをたまたまふすま越しに聞いてしまいました。父は地域でも理事長、会長といろんな役をやっていますが、そんな父から「日陰者」と言われるとは思ってもみませんでした。私は父とは違う道を歩きたい、小さな町のお山の大将で終わりたくないと、父に対するコンプレックスと反発から、東京に飛び出し、夜学に通いながら広告会社でマーケティングを勉強しながら勤めていました。バブル期の広告代理店ですから仕事は派手で楽しいですし、まさに青春を謳歌していました。

❖ 家業を継ごうと思われたきっかけは？

いろいろなきっかけがあり、最終的には後継することになったわけですが、その一つは実家の酒を東京の百貨店の催事で試飲販売する機会に恵まれたことです。この時に自分でラベルを貼ったお酒が、実際にお客様の手元に届く体験を通し、それまで頭で理解していた「経済の動き」が私の体に流れ込んできました。米が育ち酒になり、お化粧されてトラックに乗り、店頭から私の手を通りお客様に渡る。その過程に携わったさまざまな手、ひび割れた農夫の手、ラベルを貼る蔵人の手、ハンドルを握る運転手の手、在庫を並べる店員の手、手、手……その手に、今私が受け取ったお酒の代金が巡り戻ってゆく。しばし感動の波に体を任せた後に思ったのです。これは、私にとっては、とても衝撃的な出来事であり、商売の原点だと思っています。そしてその催事が終わってみれば、その店舗では試飲販売歴代二位という結果を出すことができ、お客様からも「明るい声で販売していた青年に惹かれて立ち寄ったのですけれど、お酒もとてもおいしかったです」という礼状をいただき、人様のお役に立つことの意味を初めて知りました。

この体験から、「僕は若竹屋の後継ぎには向いているかどうかはわからない。でも、若竹屋の仕事はきっと好きになれる！」と、心が決まりました。

そこで、それまで勤めていた広告代理店に退職届を出し、催事をやった百貨店に中途採用でもいいから雇ってほしいとお願いし、そこでまず流通の勉強をさせていただいた上で、家業を継ぐために十六年前に戻りました。

❖ 戻られてからのご苦労は？

帰ってきて三年間、酒造りをしましたが、無気力な職場からは何となく儲かっていない雰囲気が伝わってきました。そこで決算書を見せてほしいと親父に頼みました。けれど、見せてくれません。何度も言いますと、今でも忘れることはできませんが、最後に親父は悲しそうな顔をしました。そこで仕方なく黙って決算書を見てしまいました。すると当時、十二億円の借入がありました。しかも我が社の資金調達の源泉になっている土地はすべて担保に入っており、債務超過であることがわかりました。しかも借入のほとんどに私の連帯保証の印が押されていて……。これでは自分の生活設計も危うく、「このままではつぶれる。自分が何とかしないといけない」と、手探り状態ながら必死な思いで経営計画書を作成しました。これが私自身の経営者としてのスタートだったと思っています。

❖ どのように建て直していかれましたか？

とにかく会社を黒字にしなければいけないと、経営計画書を作りました。その結果その年に

河童のいる町・田主丸の若竹屋酒造場

は、十年連続赤字経営から脱却し、四十六万円の経常利益を出しました。いろいろな無駄をなくし計画的な経営をしていけば建て直せると自信が湧きました。一九九六年には、四千万円の経常利益まで持っていきました。

お客様は誰なのか、誰にどういう商品を売るのか、どの地域でどのような流通でお客様に届けるのかを、ＡＢＣ分析、ＰＰＭ分析、ＳＷＯＴ分析と移動年計を使って、明確にしていきました。

❖ 若竹屋酒造場さんの歴史についてお話しください。

元禄十二（一六九九）年、初代若竹屋伝兵衛が現在の福岡県、筑後地方にある農村・田主丸に蔵を開きました。筑後地方では最も古い蔵元ではありますが、若竹屋はいわゆる庄屋のような資産家ではありませんでした。初代伝兵衛は酒そのものの魅力に取り憑かれ酒造りを始めたと伝えられます。

若竹屋の家訓の一つに「若竹屋は先祖より受け継ぎし商いにあらず、子孫より預かりしものなり」とあります。酒造業を生業とし三百有余年にわたり同じ土地で商いを続けていますからには、周囲の自然環境や技術、商いのあり方や地域とのつながりはすべて「自然な、正しい姿」で次世代へと還してゆくものである、という哲学が伝えられたものです。

よく「伝統を守り続けるプレッシャーがあるでしょう」と言われますが、「守る」という感覚はあまりありません。若竹屋が長い歴史の中で飢饉や革命、戦争といった激しい時代を生き抜いてきた理由は、むしろ「革新的」であったからだと思います。革新の連続の証しを伝統と呼ぶのかもしれません。不易流行という言葉がありますが、変わってはいけないものと変わらねばならないもの、そのバランスの中で常に意欲的なチャレンジをすることが伝統を産み出す源だと思います。そういった意味からも、私自身も自己革新をし続ける経営者でありたいと考えています。

❖ 現在の事業の内容についておうかがいいたします。

若竹屋では清酒製造販売をしています。年商三億円で従業員は三十名です。社内では私たちの仕事を「人間活性化業」と言っています。酒は「喜びを増し、哀しみをいやし、怒りを和らげ、明日への英気を養うもの」だからです。

私が帰郷した時は、量産量販型の業態でした。しかし若竹屋の強みと市場環境から、高品質製造高粗利販売な経営に転換しようと改革を断行しました。結果的には売上規模で三分の一に

若竹屋伝兵衛馥郁元禄之酒

減少しましたが、利益は五倍以上伸びました。

以前は卸会社が顧客でしたが、現在は直販直取引が主体となってきました。返品ありの値引き条件販売が当たり前、押し込み営業が販売の基本だったものが、今ではまるで別の会社です。経営者としても人間としても未熟若輩な私を支えてくれた社員は、まさに私の家族です。その意味では、若竹屋はまさしく家業です。しかし経営は企業的に論理的に進めるものとして取り組んでいます。

❖ 筑後の地場産業としての役割は？

雇用と納税は地域貢献の基本ですが、私が重視しているのは、我が社の職員さんたちが人間的成長をすることで地域や家庭でのリーダーシップ等を発揮することです。

もうひとつ。町に蔵がある風景、というのは「ふるさと観」を形作っているものの一つではないでしょうか。冬になると蔵のまわりに湯気が立ち、酒の香りがします。そこに町の人々は季節を感じていただいているようです。

❖ 事業を承継するために大切なことは？

三十歳になっている後継者の方であれば、公表する必要はありませんので、取りあえず自分で経営計画を立ててみてください。そうすれば必ず経営したくなります。そうすると社長とぶつかります。実はその戦いの中で理念が継承されるのではないかと思っています。計画に上げた数値を実現しようと動いてみて、いろいろな壁にぶつかります。社員さんとの関係、ビジネスパートナーとの関係、いろいろなことに悩み、苦労するはずです。そういう中で初めて、自分にとっての理念が見えてきて、後継者から経営者に変身していけるのではないかと思っています。

❖ インタビューを終えて

三百年の歴史を「まだまだ」とおっしゃる林田さんから、酒造りに対する誇りと情熱が伝わってきました。社名の「若竹」のようなのびやかな心と、経営に対するひたむきな学びの心は、筑後地方の活性化と、人間活性化を実現していかれることと確信しています。

人の一生は重荷を負ひて遠き道をゆくが如し

全力疾走し続ける〝DNAから包材商〟二代目社長の人生哲学！

イオス（株）代表取締役　村上　光

【プロフィール】
一九四九年埼玉県草加市に生まれる。一九七二年早稲田大学法学部卒業後、レンゴー株式会社に入社。一九八一年レンゴー株式会社を退社し、父の経営する和泉興業株式会社に入社する。一九八七年和泉興業株式会社代表取締役社長に就任。一九八八年株式会社イズミユニテイと社名を変更。一九九六年株式会社岡部商店と合併し、社名をイオス株式会社とし代表取締役社長に就任。二〇〇六年株式会社シグマ・パッケージング代表取締役社長就任。
http://www.ios-hato.co.jp/
http://www.sigmapackaging.co.jp/

❖ 都立上野高校のご出身とお聞きしましたが。

学校群になる二年前に入学しました。高校時代には、錬身部（柔道）に入っていまして、かなりの硬派でした。一年浪人をしたのですが、受験勉強をするよりは、まずはパチンコに行きまして、そこで予備校の仲間と二人になって、次にはその二人でビリヤードに行き、そこで三人になり、予備校で受講しているやつを一人呼び出して、雀荘に行く……という毎日を送っていました。その五～六人の仲間はみんな早大受験に失敗し、受かったのは私だけ。悪いことをしました。大学に入ってからも、柔道の同好会に入って、練習の後には高田馬場の雀荘に通い続けましたね。

❖ 大学卒業後に、レンゴー（株）に入社されたのは？

私は、商社マンになりたかったのですが、長男でもあり、大学まで出してもらった恩もあって、父親の段ボール製造会社、和泉興業（株）の後を継がなければと、大手のレンゴー（株）に入って業界の修行をしました。八年間、滋賀・福井・金沢・東京で営業と技術サービスをやってきました。

❖ お父様の会社に入社された時の状況は？

私はよく経営者の勉強会などで、「わが人生は借金返済の歴史です」と自己紹介をしています。私が、和泉興業に入社した時は、会社は倒産寸前でした。何しろ、資本金五百万円のところ、累積欠損が二十倍の一億円ありました。父親に、赤字なのだから私の給料をあなたの給料から出してくれと言ったら、「それはできない。俺のものは俺のもの。おまえは会社からもらえ」

と言われました。倒産寸前の会社から給料をもらうこともできず、妻が看護士の資格を持っていましたので、働きに出てもらい、食べさせてもらいながら会社を立て直していきました。

父親が残してくれたものは、お得意先と仕入先と従業員です。長年積み重ねた信用があり、父親を悪く言う人はいませんでした。そういう意味では、りっぱな創業者です。この借金は十年間かけて返済しました。

❖ イオス（株）に社名を変更された経過は？

父親から受け継いだ時は、段ボールの製造会社で、梱包用資材の二次代理店もやっていましたが、価格競争力の弱い立場でした。そこで、問屋の（株）岡部商店と合併して問屋機能を備えました。それによって、大手のお客様の要求にこたえられるようになりました。ところが、この岡部商店の社長による放漫経営のせいで、この合併時が第二の危機となりました。岡部商店の一億円の損失までも引き継いでしまったのです。その年は、二十五年間会社経営をしてきて三度目のマイナス決算でした。しかし、岡部商店の社員が一人も辞めず、またお客様もみな残ってくれました。体質の違う二つの会社が合併して、お互いの社員が一つにまとまるまでには長い時間がかかりました。十年経って今やっと会社の中が一つになったという感じがしています。

❖ 事業の内容についておうかがいいたします。

　当社は先ほども申しましたように、梱包用資材の商社と段ボール加工メーカーです。それに加え、ＰＯＰ加工や、包装にかかわるライセンスを生かしてのコンサルタント業や情報処理業務も手がけています。大型インクジェットプリンターを導入し、段ボールシートへのデジタル印刷も実現しました。また、３ＤＣＡＤと大型ＣＡＭを導入し、段ボールケースの型レス製造を可能にしました。この３ＤＣＡＤは、営業担当者のプレゼンには強力な武器となっています。また最近需要が伸びているのがＰＯＰ加工です。これは、商品プロモーションの一部とお考えになるお客様が増えているということでしょう。

工場にて

　二〇〇五年六月に品質向上のために、ＩＳＯ９００１を取得しました。これにより全社的な意識改革ができました。おかげで、機密文書管理の重要性を認識し、お客様からの発注データや図面・仕様書データの管理について文書管理ソフトを導入して、ＦＡＸデータのペーパーレス化と、機密性を維持するための体制を構築することができ、それにより、お客様自身が生産コントロールをしなくても、注文から伝票処理まで一貫して当社で管理できるようになりました。これが当社の強みですね。

今後は、インターネットを活用したネットショップ事業にも積極的に取り組んでいくことを考えています。

❖ 事業継承についておうかがいします。

創業者というのは、例えば初めは一人か二人乗りの小船を波のない入江に漕ぎ出すようなものです。そして事業が大きくなるにつれ、船を乗り換えてだんだんと大きな船になり、操舵長や漁労長ができ、船員も増えていくわけです。経営者は、その船の船長です。船長は自己判断で航海を続けていかなければなりません。二代目としてその船に乗り込んだとしても、船内にはだれも経営について教えてくれるものはいないのですよ。そういう時に必要なものは、灯台の明かりなのです。その明かりを頼りに私は会社の舵取りをしてきました。この灯台に当たるのが、同業者の集まりや、異業種の経営者の勉強会なのです。そういう場に出て、先輩の方々の体験や意見を聞きながら、自社の経営を立て直していきました。

経営者は、複眼的思考を持たなければいけません。右目で足元をしっかりと見つめ、左目で何年か先の青写真をきっちりと持つことが大切です。

❖ 村上さんにとって会社経営とは？

「人の一生は重荷を負ひて遠き道を行くが如し　急ぐべからず
　不自由を常と思へば不足なし
　心に望み起こらば困窮したる時を思ひ出すべし……」（徳川家康公遺訓）

中小企業の経営者は、がんじがらめの人生です。でもそれが常だと覚悟して生きてきました。しかし時には、宮沢賢治の「雨ニモマケズ……」の「ヒドリノトキハナミダヲナガシ、サムサノナツハオロオロアルキ」のあきらめの心境にもなります。

どうして大企業に史上空前の利益が出ているのだろうかと、考えた時に、中小企業泣かせのところが多分にあるのではないでしょうか。それを中小企業としてどう考えたらいいのでしょうか。泣き寝入りはしたくはありません。大企業に泣かされないような価値ある企業になることです。製品やサービスに差別化ができなければ、生き残っていくことは難しい時代になってきたと思います。

❖ 経営理念は？

社是・経営理念として特に額に入れて明示したものはありませんが、ＩＳＯ９００１認証取得にあたり序文として次のように宣言いたしました。

序文

IDEAL ORGANIZATIONS IOS Co.,Ltd

私たちは理想の企業団体を目指してイオス株式会社を創立いたしました。

資材・情報の INPUT・OUTPUT

私たちの会社はメーカーであります。様々な資材、情報を加工し、より独創的に付加価値を高め、お客様のニーズに沿った製品（情報）をお届けします。

人材の INPUT・OUTPUT

私たちの会社の目的はそこで働く人々の人生を共有する場の創出であります。人によりその長短はありますが、人生の一時期一緒に過ごせたことが幸せであったと思える『場』の提供であります。

私たちは創立の精神をいつまでも忘れることなくお取引先、従業員の皆様と永遠の発展のために努力してまいります。

❖ 現在の「思い（夢）」は何でしょうか？

現在の夢。たくさんあります。夢を持ち続けることが生きている証しでしょうから。

例えば、私的には現在の煩わしい立場を卒業して海外にロングステイし毎日ゴルフにダイビングにと遊びほうけたい、長生きして孫とたくさん遊びたい、などごくごく当たり前の老人の夢であります。また、クレーム、資金繰りの心配のない会社で悠々と椅子に座っている企業の経営者もいいかもしれません。

しかしながら、性格と言いますか団塊の世代の気風と言いましょうか、きっと周囲の心配をよそに倒れるまで全力疾走の人生を全うすることでありましょう。かように我々の世代は仕事が生きがい、競争当たり前の世代でありました。

しかしながら今ここに至って経営者の夢としては、不況にも大手の横暴にも敢然として立ち向かえる後継者たちの育成と世の中になくてはならないと言わしめる価値ある企業に我が社を育て上げ、お互いに補完しあえる仲間との良き連帯関係を構築することでありますが、やはりこれが第一の夢でしょうか。

❖ インタビューを終えて

とても物静かな語り口ですが、話す内容は力強く自信に溢れていました。ブログを拝見しますと、大変ユーモアに長けていらっしゃいます。比喩も多彩で、なるほどと思うことばかりでした。奥様を「最愛の妻です」とご紹介いただきました。

お客様の幸せ作りに貢献できる工務店

「思ったより良くできている！」を創り出すことが仕事です

（株）湯建工務店　代表取締役　湯本良一

【プロフィール】
一九四七年東京都大田区大森に生まれる。一九六九年湯建工務店入社。一九九二年株式会社湯建工務店代表取締役に就任。二〇〇六年東京中小企業家同友会代表理事就任。
http://www.yuken-y.co.jp/

❖ 湯建工務店さんの創業についておうかがいします。

父親が昭和二十一（一九四六）年に、大田区で創業しました。両親は長野県の生まれで、親戚が製材工場を営んでいて、東京の大田区大森から材木の買い付けに来ていたお客さんと知り合いになり、両親はその人を頼りに東京に出てきました。戦後復興の中で、仕事には困らなかったようです。苦労はあっても、黙っていても仕事が入ってくる……そんな時代だったようです。

❖ 小さい頃の思い出は？

東京湾も水がきれいで、自宅のそばの大森海岸では、昭和三十九年の東京オリンピック前までは、海苔も採れていました。潮干狩りもできましたね。車の入らない路地には、貝をむいた貝殻を道に敷きつめてあり、冬の夜道は月明かりで真っ白な道がきらきらと輝いていてとてもきれいでした。

大森にも芸者さんがいまして、家の近所に見番があって、お正月になるとお姐《ねえ》さんたちが新年の挨拶に持っていく煙草を隣の煙草屋で包んでもらうのを、じーっと見ていたりして、白粉の匂いも今でも覚えています。私が小学校三年生の頃はまだ海もきれいでしたが、卒業するまでの三年間で、ドロドロの真っ黒な海に変わっていました。東京は高度成長期の真っ只中で、毎日町の風景が変わっていった時代です。当時両親は、工務店を個人事業でやっていましたが、オリンピック景気でわいた時期に事業の基盤を作り、昭和四十一年に株式会社を設立しました。工務店で株式会社になるのは珍しかったようです。翌年に第一京浜沿いの今の場所に自社ビルを建てました。まだ周りにビルがなかったので、屋上には大手電機会社の看板がデーンとありました。私が会社に入ったのはその後です。

❖ 学生時代は社会に対してどのように考えていましたか？

団塊の世代ですが、あまり競争意識はなくて、それよりは、努力が報われないこととか、不公平とかいうことに敏感でした。どの国にも従属せず、独立・自尊というか、民族の誇りを考えたりもしていました。だからといって、右翼や軍国主義は好きにはなれませんでした。自由で民主的な社会は、大切にしなければと、中学生の頃から思っていました。

❖ 事業を継ぐ覚悟は小さい頃から持っていたのでしょうか？

漠然とですがありました。しかし、大学時代は、親への反抗心もあって、建築屋なんかやりたくない！　と思っていました。学生運動が活発な時代で、卒業間近になって、親父から「卒業証書を見せろ」と言われて、私が、「ない」と答えたら、怒りましたよ。泣きながら怒った親父の姿には、かなりこたえました。罪滅ぼしの気持ちもあって今の会社に入りました。

❖ それから、経営の修行が始まったのですか？

私が会社に入ったら、親父は区議会議員になり、私が事実上会社を切り盛りすることになりました。仕事は比較的順調で、経営者という自覚がなくても何とかやっていけました。ところが、昭和四十八年の狂乱物価の時に逆ザヤになってしまい、創業以来初めて赤字を出しました。

私はどうしていいのかわからず、茫然自失の状態でした。その時、親父は三カ月間ほど会社に戻り、建て直してくれました。黙って処理をして、一言も文句を言わず区議の仕事に戻っていきました。私は、その時に初めて自分の経営の甘さを身にしみて自覚しました。

経営者として反省させられたことのきっかけはもう一つありました。会社に入って三年程経った時に、頼りにしていた社員が辞めたいと言ったのです。それまで自分の中にも経営者としての自覚が薄く、それが態度に出ていたのでしょう。「俺がいい加減な姿勢でいたら、誰もついていきたいとは思わないだろうなあ」と、これは身を正さなければいかん！　と反省しました。

❖ そこから本格的な会社経営が始まったのですね。

二十六歳から約十年間、地味ながら業績を上げ続けていきました。今思いますと、当時の私は、自分で何でもできると思っていた、生意気な人間でした。ライバル企業との勝ち負けばかりにこだわっていました。そんな時に、中小企業家同友会という経営者の勉強会に中学時代の友人から誘われました。そこで共同求人にブースを二度出しました。ところが、二度ともだれひとり来ません。それは、「うちの会社は本当に自分が働きたい会社なのだろうか？」と、自分に問いただしてみるいい機会となりました。

　また、この団体で異業種のさまざまな経営者と出会うことで、上には上があるということをしみじみと感じさせられました。異業種の同世代の経営者が比較的多く入会してきました。そして、お互いに負けるものかと、良い意味でのライバル意識も持ったり、またお互い知恵を出しあって協力しあったりと、私にとっては、「経営とは何か」を真剣に考えることのできた良い機会となりました。

❖ 地域に根ざした総合建設会社としてのこだわりは？

　会社から半径二キロメートル圏内での工事が大半を占めています。地元で支持される仕事をすることを基本にしています。地元に信頼されないと会社の未来は創れないと考えています。限られた地域ですが、この地域だけで年間十〜十二億円の仕事になります。また、この地域でやらせてもらっている仕事は、この地域に返そうと考えて、なるべくこの地域の協力業者に依頼するように心がけています。

　地元で生き残っていくためには、丁寧な施工をすることです。図面どおりにできただけではダメで、お客様の希望をどれだけ超えられるかです。「サプライズ」が、満足感につながるのです。そのために、作るプロセスでお客様と入念に打ち合せをします。作り上げるプロセスを共有していただく中で、信頼感を作っていくことを重視しています。きめ細かい仕事ができるのは地元に密着しているからこそだと思います。

（施工例）シルバーピア前の浦

❖ 御社の経営理念、大切にしていることは？

「お客様の幸せ作りに貢献する」というのが、当社の社是です。これは、安心で安全な建物造りということです。

大半が設計施工です。たまには、設計会社の仕事もさせていただきます。例えばデザイナーズマンションのような建築です。このような感覚は自社ではなかなか生まれてきません。こういう建築にかかわることで、技術の習得もさることながら、アイディアや感覚など学ぶことが大変多くあります。ある著名な建築家の仕事をした時には、二〜三ミリメートルの誤差も許されないような家の建築でした。こういう仕事をすることは、当社の現場監督の自信につながり、新しい知識を習得する機会となるのです。

社員には、「結果としてこんな風にできちゃったというものは、絶対に作っちゃいけない。ああしてこうして、だからこうなったと、理論で裏づけされたものを作れ」と言っています。合格点はお客様から「思ったより良くできた」と言っていただくことです。精度の高い施工計画や施工図を作ることで、職人の高度な技は生かされます。施工をするためには、技術的なことはもちろんですが、相手の身になって考えられる要素が大切です。

設計と施工の確実さが当社の財産だと思い、ずいぶん前から追求していました。社内で技術者を育てていくということは時間のかかることですが、がんばっていきたいと思っています。お客様から「思ったより良くできた」と言っていただくことは結構大変なことですが、そうした、ものづくりへのこだわりを大切にしています。社員を採用する時には、自我を持っていることと、相手の立場になって考えることができる人間かどうかを見ています。当社は定期採用をしています。社風を作るためには、定期の採用が大切で、それによって先輩が後輩を指導し、顧客を大切にする社風が育っていきます。

❖ 大好きな言葉または座右の銘は？

「天地人」――天の時、地の利、人の和です。「北越軍談付録　謙信公語類」に、「輝虎（謙信）公の曰く。天の時、地の利にかない、人の和ともに整いたる大将というは、和漢両朝上古にだも聞こえず。いわんや、末代なお有るべしとも覚えず。もっとも、この三事整うにおいては、弓矢も起こるべからず、敵対する者もなし」とあります。要約しますと、「謙信公曰く、天の巡り合わせが良く、地勢の有利さに恵まれ、家臣・領民がよくまとまっている、この三つの条件を満たす大将を、日本の歴史、中国の歴史、神話の時代にさかのぼっても見たことがない。もっともこんな大将がいたら、戦は起こらないし、敵対する人物もいないだろう」ということですね。

❖ インタビューを終えて

地元に根ざして六十年、営業マンは一人もいらっしゃらないそうです。「思ったより良くできたね」という言葉をいただくために、お客様の気持ちになって、安心安全の建物造りを目指していった結果です。下請けの仕事はいやだ！　と言い切る湯本さんは、お仕事の話をされている時の楽しそうなお顔がとても素敵でした。

第4章

育み生かす――女性経営者

プロローグ

国民金融公庫総合研究所が発行した調査報告書に「日本の女性経営者」がある。同書は、五〇〇〇人の男女の経営者に対するアンケートの結果を分析し、女性経営者を、社会的な背景を基準に、五つに分類している。キャリア型、独身型、有配偶者型、離別・死別型そしてSOHO型である。結論としては、こうした類型化の背景（履歴）となる女性経営者の「多様」性の中に今後の可能性を結論付けている。

本書に登場する九人の女性経営者は、業種、組織の大きさ、従業員数、年間売上等々、いずれも多様である。中小の経営組織にあっては、男女に限らず経営者の履歴は画一的なものではなくきわめて個性的である。女性経営者にたいし、男勝りになることが期待されているのではなかろう。産む性、母親としての育てる性、パートナーとして夫とともに家庭を築き守る「女」性として、その経歴と個性が事業経営のうえで積極的に生かされることを社会は期待しているのではなかろうか。

秦野　眞

インターネットでの情報を活用して鹿児島から事業の活性化を！

日本一わかりやすいＩＴ講師を目指します

ＭＩＮＥ（マイン）代表　石岡　美奈子

【プロフィール】
一九六四年鹿児島県鹿児島市に生まれる。一九八四年鹿児島短期大学（現、鹿児島国際大学短期大学部）教養学科を卒業後、鹿児島リコー（株）入社。一九八八年鹿児島情報ビジネス専門学校非常勤講師などフリーで活動。一九九七年ＭＩＮＥ（マイン）を開業し、企業や商工団体・組合のＩＴビジネス活用セミナーや講演、コンサルティング、ＷＥＢサイト制作などを行う。
メルマガ「なるほどこういうことだったのかぁ〜！　わかった♪　ＩＴ用語」

（メルマ！ガオブ・ザ・イヤー05・07・08インターネットカテゴリ賞三年受賞）

http://www.melma.com/backnumber_122611/

http://wakatta.net/

❖　鹿児島リコー（株）（現、リコー九州株式会社鹿児島支社）ではどのようなお仕事をされていましたか？

私が在籍しておりました当時は各メーカーがワープロ専用機と独自のコンピュータを販売する時代で、リポート（ワープロ専用機）とマイツール（パソコン）という二つの製品を中心に官公庁や民間企業、団体、組合等へのデモや販売・教育を行っておりました。またお客様だけでなく、製品を販売する営業や後輩への指導、営業と同行しお客様のソリューション（問題解決）に合わせた用途のご提案なども合わせて行っていました。今となっては商品やＩＴについてのスキル（腕前）ももちろんですが、コミュニケーション力、プレゼンテーション力や営業力もここで身につき、いろんなものを学ばせていただいたと思います。鹿児島リコー（株）（現、リコー九州株式会社鹿児島支社）さんとは、今でも良いお付き合いをさせていただいています。

❖ ＩＴインストラクターとしては、とても長いキャリアをお持ちなのですね。

もともと人と接することが好きなので、続けることができたのだと思います。初めて勤務した会社は販売会社のため、ＩＴインストラクターと言っても営業ときめ細やかなアフターフォローに力を入れていました。製品の機能はもちろん「販売」「他社との競合プレゼンテーション」「ソリューション（問題解決）」「アフターフォロー」の仕事がメインで、常に即戦力を求められました。

また会社が掲げていた「相手の立場に立って物事を考える」「美点凝視の精神」に感銘を受け、訪問先も官公庁や民間企業、組合等のため毎日がプレゼンテーションや異業種交流会のようで、とても勉強となり刺激を受ける毎日でした。その刺激を受ける毎日や解決できたときのお客様のお顔を拝見するのに仕事の生きがいを感じます。自分でも天職だと思っています。

❖ 子育てと仕事の両立はどのようになさってこられましたか？

専門学校生と高校生の子どもがいます。子どもも大きくなると会話などが楽しくなり、見守りつつも共に育っている毎日です。また子どもたちの仲が良いのが一番の救いで、子どもから教わることが非常に多いですね。子どもの成長を見守っていけるのが親となって一番の楽しみで、楽しいときは一緒に笑い、つらいことは半分ずつ分けあって将来、笑い話の一つにでもできればいいかな、なんて考えています。仕事で忙しいことも多いのですが、なるべくコミュニケーションをとるようにしています。

それから子育てと仕事の両立についてですが、まず「両立」という言葉を、最初に捨てました。「あなたたちがいてくれから、お母さんはここまでやってくることができたのよ」といつも思っていたいのと子どもたちにもそう言いたいですので、

1．自分ひとりで抱え込まず、時間をどう使っていくか？
2．今は何をなすべきか？　なすべきでないか？
3．必要とされる人間になるため一つでも行動し、やり続ける。

という三点を念頭に置き行動してきました。

❖ 事業の内容についておうかがいいたします。

現在、主に次の事業を行い、時代に合わせた内容をご提供しています。
・ＩＴビジネス活用・ＩＴ活用の経営革新塾・新規創業塾セミナー講師、講演
・ＩＴコンサルティング
・インターネット関連（ＷＥＢサイトの企画・制作、ＳＥＯ（検索エンジン上位表示対策）やＳＥＭ（有料広告）などインターネットマーケティング）
・中小企業様・団体様向けビジネスソフト指導
・CALS/EC（キャルス・イーシー：電子入札・電子納品）
・経営革新のためのアイディア発想法・企画書作成・プレゼンテーション指導
もともとビジネス向けＩＴインストラクターのため、中小企業や団体等のＩＴ化の指導・教育面を強みとしています。

そのほか次の支援事業講師やアドバイザーとしても活動中です。
鹿児島県商工会連合会エキスパートバンク事業講師（経営・技術強化支援事業）、鹿児島市元気の出る中小企業支援事業アドバイザー（商店街支援事業）、鹿児島県商工会議所連合会エキスパートバンク事業（経営・技術強化支援事業）、横須賀商工会議所Y'Sベンチャーブレインバンク、財団法人かごしま産業支援センター専門家派遣事業講師、鹿児島市製造業アドバイ

ザー、鹿児島商工会議所地域力連携拠点専門家派遣事業講師、株式会社ブレーン講師など。

❖ 鹿児島県は、インターネットのインフラの整備状況などはいかがでしょうか？

全体的に遅れており、ブロードバンド普及率は全国最下位（総務省）という調査も出ています。これは離島が多いこともあるかもしれませんが、現在は離島でのブロードバンド化の実証実験も行われたり、ブロードバンド化のインフラ整備が徐々に整ってきています。

ただインターネットが登場して仕事の内容も劇的に変わりましたが、まだまだ使いこなせていない中小企業も数多くあります。これからインターネットはさらに進化し、ビジネスにとって大変便利なツールとして進化していくわけですが、使いこなせる企業と使いこなせない企業との格差（情報格差＝デジタルデバイド）やモラル、セキュリティの問題も今後ますます大きくなってくると思います。現在はインターネットを誰もが使えるようにと「U―JAPAN計画」（総務省）を進め

セミナー風景

るなど人にやさしい方向へと変わってきていますので、これからのインターネット社会は人にやさしいものとして進化してほしいですね。

またインターネットはただ情報を閲覧・収集するだけの「一方通行」だったWEB1・0から、皆で知恵や情報を持ち寄り作り上げていく「双方向（情報のキャッチボール）」のWEB2・0時代へと大きな転換期を迎えています。人の流れが変わると街が変わるように、インターネットの変化によりビジネスの方法も従来の常識から大きく変わってきています。

変化が激しいインターネットですが、その流れの変化をしっかりととらえて経営に生かしていただけるよう、中小企業のモチベーションの向上とIT化の促進をわかりやすくご提供することに力を入れていきたいと思います。

❖ 仕事上のターニングポイントはありましたか？

母になったこともターニングポイントの一つではありますが、事業を行っているとさまざまなことが起こります。何度もがけっぷちに立ったりしましたけれども、それがかえって転機となりました。「ピンチはチャンス」という言葉がありますが、改めて支えてくださるお客様のこと、今まで自分の行ってきたこと、これからやらなければならないことなどを真剣に考えて、良いときも悪いときも一つの試練として行動できるようになりました。今後もさらに新たなターニングポイントを迎えられるよう、アンテナをきちんと張っていきたいと思います。

❖ 電子出版されるとお聞きしましたが？

タイトルはまだ未定ですが、わかりやすさにこだわったインターネット入門書を電子出版する予定です。インターネットも日々進化し、流れが速くなってきているため難しいところも多いのですが、時代の流れにしっかりついていけるようわかりやすく仕上げています。

次のサイト等で購入できますので、よろしかったらぜひお読みください。

http://www.shop-biz.info/

❖ 大好きな言葉は？

大好きな言葉は二つあります。

まず一つはマキアヴェリの言葉で「いつも幸運に恵まれたければ時代とともに自分を変えなければならない」、もう一つがゲーテの言葉で「勇気を失えば全てを失う」。

いずれも以前大変な思いをしたことがあり、そのときに出会って助けてもらった言葉です。これらの言葉や経営者の勉強会などで学んだことから、当社の「私たちは時代とともに変化し、お客様により良いものをご提供します。」という経営理念も生まれました。

❖ 石岡さんの「思い（夢）」は何でしょうか？

夢は大小あって尽きないのですが、日々お客様（経営者あるいは経営に携わる方々）と接し、ＩＴスキル（腕前）あるいはＩＴの知識や可能性などが足りないために、廃業に至るケース、そのほかさまざまな悩みを目の当たりにします。またＩＴというだけで食わず嫌いされ、ＩＴで生かされるチャンスにふたをしてしまうということもあり、非常に残念に思うこともしばしばです。

こういったことを解消できるよう、まずはしっかり足元を見てお客様のビジネスに結びつくより良い情報・サービスを提供し、かつ無駄なく事業に生かせるよう支えていく良きブレーン、良きメンターとして進んでいきたいと思います。

❖ インタビューを終えて

質問に対して、明確かつ丁寧にお答えいただきました。言葉の一つ一つに元気がみなぎっていました。この先生なら恥ずかしがらずに何でも聞けるし、親切に教えてくれるだろうな……と感じました。よか薩摩おごじょでいらっしゃいます！

ハワイでの愛されるウエディングカンパニー

かけがえのない思い出作りの仕掛け人

マサコフォーマルズ　ＣＥＯ　久美子・アグネス・沖本

【プロフィール】
一九五〇年大阪に広岡家の次女として誕生。小学校から高校まで、兵庫県宝塚市にある聖心女子学院で一貫教育。京都のノートルダム女子大学生活文化科卒業。ドレメ式伊丹洋裁学校師範科卒業。よき妻、よき母となるべく花嫁修業、お茶、お花、料理教室に通う。一九七七年母とハワイに渡り、ブライダルのマサコフォーマルズを立ち上げる。一九八二年日系三世ドナルド・たけみ・沖本と結婚、一九九四年社長であった母の突然の事故により、社長に就任し今に至る。
http://www.masakoformals.com/

❖ ハワイでお仕事をされることになったきっかけは何ですか？

私が小学校低学年の時、母が離婚しました。その後、私が高校三年生の時に、母は再婚しました。母は、ハワイをとても気に入ったようで、老後はぜひハワイに住みたいと言っていました。今のように、三カ月ビザなしで滞在ができなかった時代で、住み続けるには、会社を作るしか手はありませんでした。そこで、いろいろ試行錯誤の結果、知人の勧めもあり、ウエディングの貸衣装店をすることにしました。

当時私は、大学を卒業し、バイト程度の仕事だけで何もしていませんでした。深い考えもなく、母についてハワイに来てしまいました。雇われた経験もなく、いきなり人を使うようになりましたので、それはとても大変でした。失敗談には事欠きません。

❖ハワイでのウエディング事業のさきがけでしょうか？

一九七七年当時ハワイには、既に貸衣装業者は二社もあり、もう遅かったかな？　と思ったくらいでした。業界最大手のワタベウェディングさんが、今年で四十年近くの歴史を持っています。その頃からウエディング市場の可能性は大きかったのです。私たちは、貸衣装業は全くの素人でしたが、先入観もなくお客様の立場になって考えられたことがよかったようです。

❖社長になられたきっかけは？

一九九四年一月、母がつまずいた拍子に、頸椎損傷で身体障害者になり、ハワイの病院に六カ月入院、その後、寝たままの移動で神戸の病院に転院しました。翌年、最愛の母は阪神大震災に遭遇し、その年に他界しました。

母が亡くなり、初めて仕事に対する使命感に目覚めました。創業して十八年、母とともに苦労して育て上げてきたマサコフォーマルズに対しての責任感が続ける力となりました。それから十四年、経営者として甘えの許されない立場でもまれてきたことで、少しは、強くなれたのでしょうか。

❖社長として経営上失敗されたことはありますか？　その失敗をどのように克服してこられたのでしょうか？

ある旅行社から、安売りのプランを出したのはいいのですが、忙し過ぎて人件費が膨らみ、空回りしたことです。旅行社からの支払いが二カ月後だったので立替払いばかりが膨らんでアップアップの状態でした。業界では画期的なプランでしたし、当社の名前を出さないことが条件でした。しかし、狭いハワイでのことでいつしか知れ渡り、今までの信用が薄らいだ時がありました。信用を築くのには時間がかかりますが、なくすのはあっという間だと実感しました。

その旅行会社とは泣く泣く契約を断りました。幸いにその後すぐに新規の旅行会社との契約がまとまり、以前のような失敗がないようまとめました。その後おいしい話はよほど考えてから実行することにしています。人を信用し過ぎたこと。まあ人生経験が乏しかったのでしょう。人がよすぎると言いますか。

❖ ハワイで起業したい人へのアドバイスをお願いします。

しっかりマーケティングされることです。ビジネスを始めてから気づいても手遅れの場合もあります。弁護士は日本以上に会社設立に関わってきます。評判など確かめてから選ぶことです。相談ごとで電話したら請求書が後で届いたとかいうことはざらです。そんなことがないように値段も確認することが大切です。また、業種も日本人観光客だけをターゲットにするのではなく、地元を対象としたビジネスを考えた方がいいと思います。

ダイヤモンドヘッドを臨む

❖ 日本の文化を取り入れた企画をされていますね。

マサコフォーマルズのオープン当初から、着物のビジネスはありました。九年前、日本文化センター様からの七五三イベントの依頼があり、それを機会に、本格的に着物ビジネスに取り組みだしました。

ハワイの日系人は、日本の文化を知りたいですし、残していきたいと思っている人が多いです。特に、おばあちゃんが、孫にどうしても着せたいと思うようです。

また、二〇〇五年は、ハリウッド映画の「SAYURI」が封切られて、ハワイでも着物への関心がより高まりました。今では、お正月、お雛様と端午の節句、こどもの日、七五三と、着物の着付けの依頼が増え、おかげで、年間を通じて着物の写真撮影のお客様も増えてきました。今後も、この部門は積極的に取り組んでいくつもりです。

❖ マサコフォーマルズさんの強みは？

現在ブライダル産業でワイキキに進出している会社は十社くらいあります。そのうち六社は、日本からの進出企業です。その中で、弊社だけが地元のお客様と日本からのお客様の両方を対応しています。店をアラモアナから、ワイキキから車で十五分のカカアコ地区に移すに際して、随分悩みました。今はいいが、今後の日本からのブライダルが果たして、このままの状態が続くか？　とても心配でしたが、こちらに移ってから、地元のお客様が三〇パーセント以上増えました。さまざまな世界情勢の変化の風を強く受けるのが、このブライダル産業です。地元に根ざしたビジネスを大切にしながら、日本のお客様にハワイならではのサービスを提供していきたいと思っています。

社員は、日本のお客様への対応は、皆日本生まれの日本人です。企画、予約、経理もすべて日本人です。日本語が読めて、今の日本を理解できていないと仕事はこなせません。でも、地元ハワイのお客様への対応は、ハワイの人です。地元に根ざした人気の店、それがマサコフォーマルズの強みです。日本からのお客様にも安心していただけると思います。

❖ 社員を育てることで大切に考えていることは？

焦らないことです。私が、大切にする「お客様に喜んでいただきたい、幸せになっていただきたい」という気持ちを同じように社員の人たちにも持ってもらい、心をこめた接客ができるように、辛抱強く育てていっています。

大切なことは、チームワークです。社員ひとりひとりと世間話でも何でも話せる関係作りに努力しています。各セクションの人たちとの小さなコミュニケーションを重ねて、それらがうまくいくことで、完璧なチームワークができあがります。感謝の気持ちを忘れずに、お客様との出会いを大切に、人生の大切な一ページが素晴らしい思い出となるように誠意を持ってお手伝いさせていただくことをモットーとしています。

❖ ハワイウエディングスクール（ＨＷＳ）を作られたようですが？

昨今ウエディング業界で最も注目されているのは華やかな挙式を取り仕切る「ウエディングコーディネーター」という職業です。コーディネーターは、結婚式には欠かせない存在です。プランナーとも違い、当日の挙式がうまく運ぶよう、仕切るほか、花嫁の気持ちを落ちつかせたり、花嫁のお世話をしたりします。

細かい心遣いの必要な仕事ですが、終わった後の充実感は何物にも代えがたいです。私の三十年の経験から、これからウエディングコーディネーターを目指す方々に生かしていただけるよう、ハワイでなければ得られない体験を含んだ研修カリキュラムをご用意しています。二〇〇六年四月から始めましたが、既に多くの方がこのスクールで資格を取得されました。

❖ 沖本さんの「思い（夢）」は何でしょうか？

母の夢の実現に私も便乗した形でハワイに来ました。ただあこがれのハワイに来られただけで十分でした。ビジネスを大きくしようというような夢は、当時は全くなかったですね。ここに住む手段としてのビジネスだったたですから。母が怪我をして、日本に帰らなければならなくなった時が私の思いの出発でした。

そして二〇〇八年、原油高、サブプライムローンの問題等でハワイの経済が低迷し、日本からの観光客が激減しました。このままの状態では最悪な状態になると感じ、思い切って店内改装を始めました。最悪な時期に思い切って大金を投じるのですから後には引けません。

新たな構想として、店内にスタジオチャペルを創設しました。名づけてプルメリアチャペルです。最近人気のビーチでのお写真撮りをする前にチャペルで撮影してビーチに出かけます。

式ももちろん可能。入籍はしているけど挙式はしていない方、アニバーサリー（記念日）の方、ハネムーンの方たちに人気です。

思い切ったイメージチェンジも進めています。その一環として、店名を一新しました。「FAIRY TALE BY LEINA ALA」です。これからの新しい世代に共鳴できる名前ということで決断しました。

イメージチェンジした店内

思えば母の事故、経済の最悪な状態と、きっかけは決していい状態ではなかったのですが、それが結局は、私の思いにつながっていったのでしょうね。

❖ インタビューを終えて

団塊の世代にとってハワイで挙式は夢のまた夢でした。定年を迎えたご夫婦の新しい人生を踏み出すきっかけに、ハワイでもう一度二人だけの結婚式をするのもいいですね。若いあの日に戻って……。沖本さんの温かいおもてなしの心が、ハワイの地で着実に根付いていることを感じます。

地域密着の都市型スーパーマーケット
勝ち抜くためには、正直商売！　これに尽きます

(株)文化堂　代表取締役会長　後藤　せき子

【プロフィール】
一九二九年岐阜県恵那郡遠山村（現、山岡町）に生まれる。一九五二年上京、菓子問屋で働く。一九五三年荏原中延駅近くで、四坪のお菓子屋「文化堂」開業。一九六三年戸越公園店出店、対面販売からセルフサービスへ。一九六七年株式会社文化堂設立、代表取締役社長就任。本格的スーパーマーケットに進出。二〇〇三年代表取締役会長就任。
http://www.bunkado.com/

❖ 子どもの頃はどのような生活を送られていらっしゃいましたか？

私が子どもの頃は、日本全体が本当に貧しい時代でした。若い働き手がみんな戦争に持っていかれていましたから、子どもの働くのが当たり前の時代でした。田んぼや畑仕事、豚・ウサギ・鶏などの家畜の世話、寒天作り、養蚕・糸取り・機織り・縫製と、今思うと生きていくた

めの全てを、こういった仕事の手伝いの中で訓練させてもらいました。

一九四四年、父が満州へ出征し、その年の一月末に妹が生まれ、私は女学校に通いながら、母を助けて家を切り回し、がむしゃらに働きました。母は口癖のように、「子どもは一番上がしっかりしないと、下が全部だめになる」と言っていました。この「上がだめなら、下も全部だめになる」という母の教えは、そのまま企業の経営にも結びつきました。人育てを重視する経営者、管理者にとっては、最大の戒めの言葉であると思います。

❖ 文化堂さんの創業は？

今年で創業五十六年になります。昭和二十八年品川区の四坪のお菓子屋からのスタートです。当時、競合店に問屋から荷物が来ると全部チェックしていました。でも駅前の大きなお菓子屋にはどうやったって売上で勝てるわけがありません。どうしたら勝てるか、それは支店を出すことだと気づき、三年後から支店を出し始めました。次々と従業員が来てくれたからできたことです。それから十年間で五店舗の経営店になりました。

その子たちは、始発から終電まで本当によく働いてくれました。貯金をさせて、成人式には振り袖を作ってあげ、嫁入り支度は問屋を走り回ってそろえてあげて、二十一人お嫁に出しました。

人はやる気にすれば、想像以上に働くということを彼女たちから学びました。これが私のその後の経営の原点になっています。店員さんの採用地である栃木県に工業団地ができ、大手企業がこぞって進出して、県自体が人手不足になってしまいました。「お菓子屋だけではだめだ！もっと人を使える仕事に変えよう」と思ったのが、スーパーマーケットへの業態変更のきっかけでした。

❖ スーパーマーケットへの変化でご苦労されたことは？

資金繰りは、昭和三十年代から四十、五十年代にかけて荏原地区だけで十回は寮を買い替え転売して儲けを出し、不動産ブームで資産もできて、その後の店舗作りの大きな成功要因になりました。セルフサービス一号店の戸越公園店の出店、戸越銀座店の出店で、その頃は、中小企業金融公庫借り入れの枠を超えてしまい、公庫から日本不動産銀行（今の日債銀）と取引するとよいと助言をいただき、早速日債銀に出かけました。ところが一億円以上の借り入れしかだめだと言われたのです。そこで「一億円でけっこうでございます」と言ったら、「女性に直接融資する前例はない」と断られました。「話だけでも聞いてほしい」と半年間に何回も通いつめたら、「あなたかね、男性並みに扱って大丈夫な女性は！」と言って、融資してくれることになりました。このころからやっと資金繰りが楽になってきました。

お菓子屋はとても恵まれた商売でした。しかし、スーパーのような生鮮食品を扱う仕事をするには、お菓子屋の従業員は使いものにならず、そんなことも知らずに開店してしまい、大変苦労しました。もう会社をやっていけないのではと思うこともたくさんありました。生鮮食品の職人さんを管理しきれなかったことで社風の危機に陥ったこともありました。ある意味で時流の先読みだけでスーパーにしたことのツケがいきなり大きな問題として襲い掛かってきたのです。社員の表情は変わりますし、社内の雰囲気がまるで変わってしまい、社風というのはちょっとしたことで、すぐ崩れてしまうものです。経営の建て直しに苦慮しているなかで、税理士の先生に経営管理システムを作っていただき、ＰＯＳレジの導入で何とか乗り切ることができました。また、店長の反乱や求人の困難などさまざまな試練の中で、どうにかやってくることができたのは、二人の弟のおかげです。幼い頃から山に囲まれた小さな村で、力をより合わせて仕事をやり抜いてきた家族だからこその結束でした。株式会社文化堂になって十年、どうやら会社らしくなり、十五年経ってやっと組織が動くようになりました。

❖ 都市型スーパーマーケットとは？

都市型スーパーマーケットというのは周囲三百～五百メートルの中の八千～一万所帯のリピーターのお客様です。悪いうわさが出たら最後です。その危機感はいつも持っています。こ

文化堂豊洲店

の商業圏の中にスーパーマーケットが三〜四店舗、そして商店街がいくつもあります。私は、従業員には店は小さくても一等地で働いてもらいたいという一等地戦略を進めて、日本一商圏が狭いのですから、日本一きめの細かい商売をしようということを念頭に置いて二十五年前からやってきていま す。これはシステムだけでは無理で、従業員一人ひとりの気づきと力で成り立っているのです。

文化堂というブランドを作るには、正直商売であることです。お客様から常に信頼され、リピーターになっていただけるような経営を五十年以上続けなければ、暖簾はできません。真面目に働いていることを認めていただく。その積み重ねで、永遠の暖簾ができるのです。また、あの会社には絶対に負けないというライバル会社を作ることも大切です。社内は一つの目的に向かって進む仲間です。そういう社風を作ることも大切ではないかと思います。

小売商人は農耕民族のようなものです。毎日耕し、水をやり、手入れをして、お客様に収穫していただくのが商売です。そのためには「正直商売」以外なにもないと思っています。真面目に働いていることを認めていただく、それが文化堂の暖簾を守っていくことだと考えています。

我が社のレベルアップのために本部を三度移転しました。また出店をしつづけ、スクラップ&ビルドの意識改革を継続しています。今までに三十店舗開店して、九店舗閉めています。こういう意識改革を進めていかなければ、変革と進化についていくことはできません。

❖ 社員教育についておうかがいします。

社員教育の原点は、お菓子屋時代の買い物計算テストです。中学校を出たばかりで、計算もできない子もいました。でも商売の基本はお金の計算です。毎朝朝礼の時に、店則を唱えたあと、簡単な計算テストをやり始めました。学校のテストのように、正解には赤丸をつけてあげます。簡単な問題ですから、みんなすぐに百点が取れて、そうしたら目がきらきらと輝き自信ができて、猛烈にやる気を起こしました。指導のコツは一つだけ。絶対に百点を取らせること。自信を持たせることの大切さを感じました。この「百点成功主義」がその後の文化堂のＯＪＴ教育の原点となっています。

人育てには、時間とお金が必要です。私がお店をどんどん出店していったのは、人育てをしたかったからです。繁盛する店もありますが、どうやってもなかなか売上の上がらない店もあります。そういったところをたくさん経験させることで、人は育っていくものです。

❖ 社長交代はどのように進められたのでしょうか？

文化堂は、今年で創業五十六年、会社設立四十一年となりますが、平成十四年、創業五十年の節目を前にして、花岡新社長を中心に新しい文化堂がスタートしました。新社長誕生と同時に、私は会長にそして専務の弟は副会長となり、社長のサポート役に回りました。社長の花岡は、堅実経営を身上とする人物ですから、いきなり自分を出さずに、ゆるやかにシフトして、その中でしっかりとしたビジョンを描いてくれています。社長が営業を強化して、私がバックアップするわけですから、取引先にはかえって安心されました。より会社が強くなったと、評価をいただいています。現在はかなり新社長のカラーが出てきていると思います。

❖ 後藤さんの「夢（思い）」は何でしょうか？

皆が遊んでいる時代に、しゃにむに働けばすぐ前に出られます。だから、文化堂の求人に来る人たちには、「中小企業にきたら独立しなさい。それくらいの人は、みんな会社の役に立ってくれています。結局一番得をするのはあなたですよ。独立するくらいの気持ちでやりなさい」

と言っています。現在、文化堂のグループ会社には、不動産、包装・配送、人材派遣、カラオケ四店舗、FCなどがあります。私の夢は、文化堂グループに社長会を作ることなのです。

❖ インタビューを終えて

戦後の日本の成長を支えてきてくださった人のお一人である後藤さんの一言一言は、人生の風雪を乗り越えてこられた厳しさと暖かさに溢れていました。数々の珠玉のお言葉は、私のこれからの宝物です。

後藤さんは偉大な経営の師であり、人生の師でいらっしゃいます。これからも厳しく、そして温かく、導いていってくださることをお願いいたします。

日本の文化「紙芝居」を世界に発信！
子どもたちの幸せと、明るい未来のための絵本作り

(株)童心社　代表取締役会長　酒井京子

【プロフィール】
一九四六年千葉県に生まれる。一九六八年法政大学経済学部卒業。新宿区四谷の童心社に入社。編集者として絵本と紙芝居の編集に携わり、『おしいれのぼうけん』『14ひきのシリーズ』等の日本を代表する絵本を生み出す。一九八四年童心社編集長となる。一九九八年童心社代表取締役社長に就任。二〇〇一年「紙芝居文化の会」をたくさんの仲間たちと創立。オランダ・フランス・ドイツ・スイスで講座を開催するなど、日本のみならず世界への紙芝居の普及に力を注ぐ。二〇〇六年七月、文京区千石に童心社の新社屋を完成。二〇〇七年童心社代表取締役会長に就任。
http://www.doshinsha.co.jp/

❖ 童心社さんの歴史について教えてください。

童心社は、今年で五十二期目を迎えた、児童書と紙芝居の専門出版社です。童心社には、前史十年があります。紙芝居の研究集団でした。戦後、民主主義が広がっていく時代の中で、その研究会は出版もしていましたから、赤字を抱えて、結局は立ちいかなくなってしまいました。

やはり、会社を作り、出版をしていく方が良いということで、創立されたのが童心社です。ですから、初めは紙芝居だけを出版していました。このような経緯もあって、この五十年間で二千点に及ぶ紙芝居の新刊を出版してきています。出版してきたのは、主に保育園や幼稚園の子どもたちが見る紙芝居です。

紙芝居の一番の特性は、コミュニケーションをとりながら紙芝居を演じることで、作品への共感が生まれることです。こういう文化財って、他にはありません。紙芝居は、日本人が生み出したすぐれた文化財です。

私が絵本を手がけたのは、日本でもやっとオリジナルの絵本が出版され始めた後、十数年たってからですね。

❖ 童心社さんが貫いているものは？

「平和でなければ子どもたちの幸せは守れない」、その前提の中で、子どもたちに「愛」や「勇気」や「冒険」を語っていきたいと思います。

日本の子どもの本は、戦争中、青春時代を過ごした著者の方がたが、人生を込めて書かれていることが多く、出版の中核を担ってきました。その方たちは、戦争がいかに残酷に、肉体だけでなく精神までも破壊していくものかを、体験されてきました。戦中は、聖戦だという教育を受け、戦後、価値観が大きく変わり、自分のアイデンティティを探し求め、その中で作品を生み出されてきた著者も多くいました。単純な比較はできませんが、今は、モノとカネは溢れていますが、心が貧しい時代だと思います。こういう状況の中で人間にとって最も大切なものを語るということは、とても難しいことです。これからの子どもの本がどのような内容になっていくか心配です。しかし童心社は、子どもに届けなければならない大事なものを届けていきたいと願っています。

❖ 届けなければならない本とは？　良い本とはどんな本でしょうか？

「良くて売れる本」が本当に良い本だと思います。ただ単に作家の自己表現や自己満足、編集者の自己満足だけでは、本当に良い本は作れません。日本の子どもたちが受け入れてくれるもの、そして、深い内容のあるものを作っていきたいと思います。絵本は単純な形態の中で人間にとって大切なものを語るものです。また赤ちゃんの魂に呼びかける本も作り続けていきたいと思います。子どもを産んだばかりのお母さんたちは、とても真摯です。この子が優しい子で元気に育ってほしいと願う姿はとても美しいと思います。しかし子どもが成長して、社会との関係が濃密になっていき、競争社会の中で親も変わっていくことが切ないですね。

話は変わりますが、「音楽をすべての人のものに」というハンガリーの作曲家であり民族学者、教育者であったコダーイ・ゾルタンの理念をくみ、日本の音楽教育の変革を当初の目的として、一九六八年に羽仁協子氏が「コダーイ芸術教育研究所」を設立して、わらべ歌の指導をされていました。だいぶ前のことですが、羽仁さんが中央区の公民館で日本のわらべ歌の指導をするとお聞きし、うかがったことがあります。まだ生まれて何カ月もたっていない子どもを連れたお母さんが十五人ほど集まっていました。羽仁さんの歌声の後について、聞いたことのない日本のわらべ歌を、若いお母さんたちは歌っていました。私も歌えるようになりました。これって日本人の体の中にあるＤＮＡなのですね。それまで泣き叫んでいた赤ちゃんたちが、お母さんたちのわらべ歌でみんなすやすやと寝てしまいました。現代風なお母さんたちばかりでしたが、日本人の血が脈々と流れているのだと、感動しました。

ロングセラー No.1『いないいないばあ』

童心社は、子どもたちの幸せと、子どもたちが元気にのびのび生きていける社会を求めて、子どもたちに生きる希望を与えられるような作品をずっと作ってきた会社です。この強い思いが込められた作品がロングセラーになっています。『いないいないばあ』（松谷みよ子・瀬川康男・一九六七年の発刊）は日本で一番売れている絵本です。「松谷みよ子・赤ちゃんの本シリーズ」は全九巻で実売千四百万部だと思います。

童心社の場合は、ロングセラーがあったおかげと、新しいロングセラーを生み出すことができましたから、どうにか新社屋も建てることができました。

❖ 出版業界についておうかがいします。

街の本屋さんがどんどん姿を消して大型店が増えています。また出版の側では、時間をかけてじっくり本作りをし、ベストセラーよりロングセラーをという考え方が薄れてきています。テレビゲームや受験勉強によって、活字離れが大人だけではなく、子どもにも進んでいます。子どものために本を買う母親の嗜好の変化も大きいと思います。そのような中で、童心社も苦しい経営を強いられていることは確かです。しかし、ＩＴ時代にあっても、紙の文化は残ると思います。紙のぬくもりには、何ものにも変えられないやさしさがあると思います。

❖ 編集と経営は違いますか？

一九九八年に三代目社長に就任したのですが、編集長とはまったく違いました。当時は、出版界全体が大量返品の余波を受けて童心社の経営自体もかなり厳しい状況でした。社長を引き受けて一年間、何をしたか記憶にないくらい無我夢中でした。やったことは、一対一（いちいち）対応です。「私はあなたを見ていますよ」「大事に思っていますよ」という気持ちが伝わるように、毎日、社員ひとりひとりに声をかけ続けました。全員に声をかけ続けたことで、みんなの心がひとつになり、やる気が出て、会社が元気になっていきました。「見ていてくれる」という安心感で、明るく安心して働けるようになったと、社員が言ってくれました。ひとりひとりの力の発揮の仕方で、会社は変わります。最後はやっぱり人だなぁとつくづく感じました。

紙芝居を演じる酒井さん

❖ 二〇〇六年本社新社屋が落成しましたね。

新宿区四谷に本社ビルがありましたが、創業五十年を前に老朽化が激しく、五年がかりで文京区に新社屋を建築し、移転しました。この新社屋は童心社だけのビルではないと考えています。読者がいて、作者の方がいてくれた、だから童心社があるのです。当初こちらの町内会でも、社屋の建設に反対の方もおられましたが、現在は、

〝クリスマス会〟や〝夏祭り〟などをやってほしいという申し出もあり、紙芝居や絵本の読み語りなどのイベントで、地域の方たちに協力をしています。

❖ 良い会社とはどのような会社だとお考えですか？

会社は継続させていかなければなりません。そのためには、利益をあげることが前提だと思います。また、日々の仕事を通して「出版理念の具現化」をすることで、社会的責任を果たしていくことではないでしょうか？　そして「みんなが明るく元気に」働ける会社、それが私の考える良い会社です。

❖ 酒井さんの紙芝居への「思い（夢）」をどのようにかなえていこうとしていらっしゃいますか？

先ほども申しましたが、紙芝居は日本人が生み出した大切な文化財です。新社屋の四階には〝KAMISHIBAI HALL〟を造りました。ここから紙芝居の素晴らしさを発信していきたいと考えています。

私自身、「紙芝居文化の会」を仲間とともに作り（現在六百六十名の会員規模となっています）、海外での紙芝居講座も展開しています。フランスで初めての子どものための図書館を作った、ジュヌヴィエーブ・パットさんのところでも紙芝居の講座をやりました。彼女たちが「紙芝居というのはすごい文化です」と言ってくださり、そこから交流が始まり、弊社へお招きすることができました。

紙芝居を外国の方は、素直に日本のすぐれた文化財として認めてくださるのですが、日本は街頭紙芝居のイメージが強すぎます。日本でも「紙芝居」が、日本人が生み出した素晴らしい文化として認められるようになってほしいと願っています。そして、この大切な文化「KAMISHIBAI」を世界に発信していきたいと思います。そのためにも、童心社の理念の下に若い世代を育てていかなくては……、これは急務ですね。

❖ インタビューを終えて

酒井さんのお話から、「平和でなければ子どもたちの幸せは守れない」、子どもに届けなければならない大事なものを届けていきたいという情熱がひしひしと伝わってきました。魂に届く愛と勇気と冒険心、忘れかけていたものを思い出させていただいた貴重な時間でした。

想いをこめたトータルフットケアで心も体も元気に！

お客様の笑顔に出会えることに情熱を傾けます

(株)グローバル・ケア　取締役　桜井　祐子

【プロフィール】
一九七四年愛知県岡崎市に生まれる。一九九二年愛知淑徳短期大学英文学科入学。一九九三年アメリカノースキャロライナ州アパラチアン州立大学留学。一九九五年愛知淑徳短期大学英文学科卒業。三菱自動車工業株式会社海外生産本部海外技術部入社。一九九七年結婚により退社し、上京。三菱自動車工業株式会社子会社入社。一九九九年退社し、ジオスこども英会話の児童英語教師になる。二〇〇〇年（株）グローバル・ケア取締役就任。二〇〇二年同社フットケア事業部を立ち上げ、足のトータルケアショップ「ペディ・ケア」をオープン。二〇〇五年トータルフットケアスクール「小さなサロンのオーナー店長養成学校」開校。
http://www.globalcare.co.jp/

❖ アメリカに留学を志したのは？

母が自宅で英語塾をしていましたので、小さい頃から教会に連れて行ってくれたり、外国からの留学生を家で預かったりしていたことで、大きくなったら、絶対にアメリカに留学したいという夢を持っていました。母と同じ短大に進み、一年間休学してアメリカに留学しました。

勇んで渡米しましたが、英語は一番得意だと思っていた私の自信が見事に打ち砕かれました。ドイツ人やフランス人の留学生と友達になって、彼らに添削をしてもらいながら、必死で授業についていきました。以前は、人前が苦手でおとなしい女の子だった私は、この留学で性格が百八十度変わり、自己主張のしっかりできる人間になりました。あの留学がなければ、今の私もないかもしれません。

❖ 会社では、海外技術部に配属されましたね。

これにもエピソードがありまして、アメリカで香港やドイツの友人ができまして、履歴書の趣味の欄に、「中国語・ドイツ語」と書きました。入社試験は、見事合格し、狙っていた部署に配属!!

上司に、「ところで、どのくらい話せるの?」と聞かれましたので、「はい！　ニイハオ！　グーデンターク!!」って言ったら、「えっ?!（汗）」と大爆笑されてしまいました（笑）。入社後は、英語力を生かして、技術的な文章の英訳などの仕事をさせていただきました。

主人とは入社前から付き合っていたのですが、彼が東京に転勤になるので、結婚したいと父に言いましたら、「最低二年は勤めなさい」と言われ、二年勤めて、結婚のために横浜に行くことになり、子会社を紹介していただきました。この会社で二年勤めていましたが、仕事に慣れてくると時間ができ、将来のことを考え始めました。やっぱり英語にかかわる仕事がしたいと思い、転職雑誌を見ていたら、「児童英語教師」という文字が目に入って、試験を受けたら幸い受かって、一年間児童英語教師をやりました。

❖ 起業のきっかけは?

商社に勤めていた主人から、ある日、「独立して起業したいんだけど……」と切り出されて、「いいじゃない、やればいいじゃない。私経理の勉強をするから!」と私は迷うことなくついていこうと思いました。自宅兼事務所からのスタートでしたが、毎日がとても楽しかったです。経理の本を買ってきて、会計士の先生にいろいろと教えてもらいながら、頑張りました。主婦業もしっかりやりました。仕事に家事に、あの頃が一番両立していましたね(笑)。いい時間に追われていて、充実していて、自分としては主婦として、妻として理想的な感じでした。

その後、カナダ Bi-Op(バイオップ)社のオーダーメイドインソール(足底板)を扱う事業を展開することになり、カナダから Bi-Op 社の社長が年一回来日の際の通訳を任せられました。日常会話には自信はありましたが、専門的な知識はなく、専門用語もわかりませんので、足に関する専門書から専門用語を書き出し、英語に訳して自分なりの辞書を作り、それをひたすら覚えました。二年間通訳を続けていた中で、その仕事の依頼をしてくださった京都の会社の方が、「関東にも足にトラブルを持って、このインソールを必要としている人が非常に多いので、拠点を作りましょう」と勧めてくださり、横浜にお店を構えることになりました。それが、「ペディ・ケア」です。

❖ 経営は順調でしたか？　壁はありましたか？

私はお店でセラピストとして一線に立とうという気持ちはありませんでした。誰かに現場はお願いしようと思っていたのです。マネージメントをする立場にと思っていました。でも、誰かに任せるにしても、自分がセラピストの仕事をしてどれだけ大変かがわからないと人に任せることはできないと思い、足の学校に通うことにしました。ところが、この仕事はとても楽しくて、どっぷりとはまってしまいました。

学校に行きだして、とてもショックなことがありました。それは、リフレクソロジストや整体師という職業は、ちゃんと学校に行って技術を身につけても、時給が八百円くらいなのです。え～～?!　と思いました。実際に自分が働いてみますと、こんなに体を使って、ハードなのにこの時給か！　と、もうびっくりです。それでこの体験から、もっとスタッフの時給を上げていきたいと強く思いました。ところが、この仕事はお客様が来てくださっていくらの仕事です。はやらなければ、スタッフに払うことができません。どうやって繁盛店にしていくかを考えなければいけないのだということに気づきました。

しかし、お客様は、ほとんどつらい顔をしてご来店されますので、その方が、お帰りになるときに、「ありがとう」と笑顔で帰っていかれるのを見ますと、なんて楽しい仕事なのだろうと感動してしまって、採算、収支のことなどをすっかり忘れてしまうような毎日でした。お店をオープンして、休日もなく働きましたが、とにかく楽しくて無我夢中で寝なくても元気！そんな毎日でした。その結果二年後に、いろいろな問題点が出てきました。ショップを経営するまでは人を使うという経験がまったくなかったため、スタッフとの人間関係の難しさで、お店に出ることもできないくらい落ち込みました。

❖　どうやって乗り切ってこられたのですか？

スタッフが徐々に入れ替わり、自分を見つめ直すことができました。採用の面接の時に、「この店はこういう姿勢で、私はこういう人間だ」ということをはっきりと伝えることができ、やめていった人たちとも、きちんと話し合えるようにもなりました。それまでは嫌われたくないという思いで、言いたいことも言えず、自分を苦しめていたのです。先輩の女性経営者に相談したら、同じような悩みを持っていたということもわかりました。「私だけじゃなかったのだ」と気持ちが楽になりました。弱い自分をそのまま出すことで、人は心を開いてくれるものなのですね。

やっと気持ちのゆとりができて、本格的に経営者としての勉強をしていこうという意欲が出てきて、女性経営者の勉強会に行き始めました。

スタッフとともに

❖ 現代人の足はどうなっていますか？

日本は、靴の文化になってまだ歴史は浅く、スニーカーを履いている小学生でさえも外反母趾になっています。床も道路も固くなっていて、靴が対応できてないことも原因の一つです。履き方にも、靴の選び方にも問題があります。子どもはすぐ大きくなるからといって、サイズの合わない靴を履かせていますと、変形することもあるのです。また、若い頃にパンプスを履いていた方の足が、今悲鳴をあげています。変形しきってしまって、痛くて歩けないのです。足に合わないミュールやパンプスを履き続けて、変形や摩擦による黒ずみなどとても深刻な症状の方がいます。寝たきりになるお年寄りの中には、巻き爪の痛さで歩けなくなる方もいます。爪の切り方一つで、その痛みが解消できます。深爪は絶対にしないでください。足は大地との接点ですから、自分の足で歩いて一生を過ごすためにも、もっと足を気遣ってあげてほしいと思います。

想いをこめた施術を

❖　セラピストを育てるお仕事もされていますね。

「小さなサロンのオーナー店長養成学校」を二〇〇五年に立ち上げました。この学校は技術のみを習得するだけではなく、お客様の心も癒すことのできる「あなたじゃなければダメ。あなたにしてもらいたい」と言っていただけるようなセラピストを養成していくことを目指しています。

❖　桜井さんの「思い（夢）」は何でしょうか？

お店に「想」という書を飾りました。これは、私の「想い」です。足のトラブルでお越しくださるお客様は、足の痛みで心までマイナス思考になっています。私はひとりひとりのお客様と心を通わせ、トラブルが早く解消してくれることを祈って、想いをこめてフットケアをさせていただいています。

これが私の仕事に対する姿勢で、いつまでも大切にしていきたいと思っています。

❖ 創業七周年を迎えて、これからの抱負をお聞かせください。

三年前に立ち上げたホリスティックフットセラピー協会を本格的に立ち上げ、質の高いセラピストのコミュニティーを築きたいです。また、「ホリスティックフットセラピー」を科学的に検証し、確立したいと考えています。できるだけたくさんの方の健康促進の力になれるように社会貢献してゆきたいですね。

❖ インタビューを終えて

日本はまだまだ靴の文化の歴史は浅く、それだけに靴を正しく履くこと、足のケアについての知識が皆無に等しい状態です。小さなサロンのカリスマセラピストが私たちの身の回りにたくさん増えていってほしいと、心から願っています。

人生ケ・セラ・セラ！
必死にがんばった人の輝きの言葉です
人は宝、夢は力

（株）浅野（樹脂事業部ＳＥＲＡ）取締役会長　世良　信子

【プロフィール】

一九五〇年京都に生まれる。一九九〇年相次ぐ親族の不幸のため、祖父が一九三〇年に創業した（株）世良製作所常勤役員就任。一九九四年、代表取締役の急逝により、代表取締役に就任。同年世良製作所はＭ＆Ａにより未来工業（株）に株式譲渡。その後二〇〇三年十一月まで約十年間代表取締役として経営するも、（株）浅野に転売され二〇〇四年吸収合併により世良製作所は七十五年の社歴に幕を閉じ社名が（株）浅野に変わる。従業員たちはそのままで、（株）浅野取締役会長として現在に至る。二〇〇六年六月、ＫＢＳ京都ラジオ「人生ケ・セラ・セラ」放送開始。パーソナリティとなり、約一年間地元の企業家の紹介をする番組を担当。

http://www.asano-japan.com/

❖ 世良さんが事業にかかわることになったいきさつはどんなことですか？

世良製作所は、一九三〇年祖父が電機部品製作請負業として創業しました。一九四六年より現在の業態であるプラスチック金型の設計・製作に業種転換した会社です。一九五九年に父が、翌年には祖父が相次いで亡くなり、形だけの社長として祖母が代表取締役を務め、母は常務取締役として経理担当をやり会社は存続しておりました。また、専務として祖母の弟が急きょ東京から呼ばれ、高度成長の波にも乗り、トップのいない企業ながらも社員のがんばりで成長していきました。金型業界では老舗でもあり、世良製作所から独立して金型屋を始めた方も多く、「世良出身」というだけで信用してもらえるくらいでした。

金型業界は男業界でして、その中で母が苦労していたのも見ていましたので、私は逃げるように結婚し二人の子どもを育てていました。しかし、母が一九七七年九月に交通事故で急逝し、そのショックから八十五歳になる祖母が「認知症」になり、会社は完全に他人任せとなってしまいました。株は私と姉とで約六十パーセントは持っていたのですが、代表取締役は従業員からのたたき上げの方にお願いしていました。翌年十二月に祖母は他界し、私は常勤役員となって会社に出ることになりました。ところが、一九九四年にその時の代表取締役が心筋梗塞で四十六歳という若さで急逝してしまい、その葬儀の場で古くからのお得意先の社長さんに「信ちゃん、もう、逃げられへんで～！」と言われ、腹をくくりました。しかし代表取締役になりましたものの、ウオーミングアップなしでマウンドに立ったピッチャーみたいなもので、暴投はするわ！　ボールは届かないわ！　で本当に苦労しました（笑）。

当時、経営のノウハウを教えてくれる人もなく、くたくたになって家に帰って玄関先でばたっと倒れてそのまま寝てしまったり、帰りの車の中でワンワン泣いたりもしました。家族に食事の用意もしてあげられず、子どもたちにお弁当も持たせてやれなくて、ほとんどコンビニのパンが昼食でした。子どもたちにはずいぶん迷惑をかけました。

九十九パーセント男業界の中で技術を知らない女社長でしたが、その分、同族会社の悪い部分はなく、本来の会社のあるべき姿（公的）な会社として従業員には良い職場環境を提供したと思っています。

❖ たいへんなご経験を重ねていらっしゃったのですね。当時の会社の経営状態はいかがでしたか？

私が入社した時は、バブルが崩壊した直後で、前任の社長の時代は三期連続赤字というかなり厳しい状況にあり、労働環境も悪くて、良い人材がどんどん退職していってしまう状況でした。

一九九四年当時、前任の社長が亡くなる前に岐阜にある未来工業（株）とのＭ＆Ａの話を進めていて、私が代表取締役になった一九九四年に全株の譲渡を行いました。株は全面的に譲渡しましたものの、経営陣や経営形態はそのままで存続し、十年間、私が代表取締役として経営をしてきました。その間、前任の社長が出した累積赤字を払拭し、一度も赤字を出さなかったのが自慢です。ところが、やっと「やれる！」と思った矢先に、未来工業は世良製作所の株を現在のオーナーである群馬の（株）浅野に転売されたのです。

❖ 歴史ある世良製作所のお名前が消えることはとてもつらいことであったと思います。

（株）浅野が株主になり、私は代表権のない会長職となりました。二年目から社名が（株）浅野になり、世の中から世良製作所の名前が消えるというのは本当につらいことでした。従業員や業務形態はそのままで、プラスチック金型を主としているので樹脂事業部となりました。ただし、SERAの名前は業界では老舗ということで残りました。世良製作所は十分黒字経営で十年間もやってきましたし、銀行からも厚い信頼をいただいていましたので、なぜ？　という想いが非常に強かったです。

樹脂事業部ＳＥＲＡ

世良製作所の株をすべて手放してしまった弱みで仕方なかったのですが、せめて転売の時にひとこと声をかけてほしかったと今でも悔やまれます。特に日本では「吸収合併」というと会社経営が悪化して行われる手法と思われていますが、弊社の場合は「技術力」を買っていただいたのであって決して業績が悪かったせいで合併したのではなかったので、悔いが残りました。

私の人生っていろいろなことに翻弄されていますが、私のラジオ番組のタイトルじゃないですが「人生ケ・セラ・セラ」なるようになる～♪　って今は思えるようになりました。

❖　お話が前後しますが、男業界の中で、会社の経営状態が最悪……具体的にどうやってこられましたか？

まず、技術が分からない社長ということで馬鹿にされる。改革をしようとしていろいろな取り組みをしても仕事が忙しいと言っては逃げる。協力してくれない。従業員はことごとく私のやり方に反発していました。

そこで、コミュニケーションが必要と感じた私は全体会議を開き「自社の強み・弱み」を洗い出し、強みを伸ばす工夫をしようと提案しました。現場の作業は、指示しようにも分からないので各部署の責任者に任せました。また、私なりに女性ならではの気配りをしようと、従業員たちと昼食会や、お誕生会をして親睦を図るようにしました。自腹でバレンタインデーには全員にチョコレートを配ったり、クリスマスにも全員にケーキを配ったりして、こつこつとコミュニケーションをとっていきました。

その陰で、金型について本を読んだり人に聞いたりして勉強しました。経営の勉強については、勉強会の仲間から教えていただきました。そんな一生懸命な私の姿を見て、会社の幹部たちも徐々に協力してくれるように変わっていってくれたのです。

❖ では、会社のあるべき姿とは、世良さんはどのようにお考えですか？

同族会社はともすれば、公私混同しがちだと思うのですが、世良製作所の場合は祖母が代表取締役をやっていた頃から、儲かれば従業員に還元するという形でやっていました。私は子どもの時からそういう経営を見てきたせいか、金銭的執着心がなく、単純に人を喜ばすことが大好きで従業員の喜ぶ顔を見れば幸せでした。

「会社は公器」であり、従業員が安心して働けて、生活できるお金がもらえて、自分のやりがいとなる仕事ができる場所を提供するのが企業のあるべき姿だと思います。人生の大半を過ごす仕事場の居心地が悪かったり、楽しくなかったりすれば、その人の人生までも変えてしまうことになると思いますから大きな責任を感じます。

❖ どうしたら、そのように困難を乗り越えられるのでしょうか？

自分を信じて、できるまで一生懸命がんばるだけです。

私の好きな言葉に「Do Your Best.」（貴方の最善を尽くしなさい）があります。一生懸命になれば、自分の力以上の力（他力・助け）が働き、自分でも知らない間に事態が好転していることがあるということをたくさん体験しました。よく人に「貴方は運がいい」と言われることがありますが、運は掴むもので待っていても人に与えられるものではないと思っています。どんな時でも明るく前向きにがんばっていればチャンスは巡ってきます。それを掴むか、逃すかは自分次第だと考えます。

そして……もう一つ大好きな言葉があります。それは「人は宝、夢は力」です。

身内にあまり恵まれなかった分、多くの友人や周りの人たちに助けていただきました。ですから私にとって人は宝物です。そして夢を描き、かなえようとすることが大きな力になると信じています。

一日、一日を大切にして感動しながら人生を送りたいと思っています。

❖「夢は力」世良さんのその夢とは？

夢というのかやりたいことはまだまだたくさんあります。油絵も書きたいですし、チョイボラ（メイク・ア・ウィッシュのお手伝い）もやりたいと思っています。また、今まで協力してくれた子どもたちと一緒に事業を起こしたいとも思っています。いろいろなことに挑戦し、いつもワクワクして夢を追い続けていくことが私の力の原動力かもしれません。

多くの人たちと知り合うことができ、友達の輪がとっても大きくなり、本当に幸せ者だと実感しています。

二〇〇七年にはたった一人残った身内（二人の子どもたちは別として）の実姉が乳がんからの転移でこの世を去りました。五十八歳でした。本当に身内との関わりが少なかった分、多くの方たちとの関わりをいただくことができて心から「ありがとう」が言いたいです。何ができるか分かりませんが、今まで皆さんからいただいた幸せを少しでもお返しできたらこんな嬉しいことはありません。

❖ インタビューを終えて

関西の肝っ玉母さん（ごめんなさい）という初めの印象から、お話をお聞きしていくごとにどんどん変わっていきました。やはり、私が京都の女性に持っているイメージの、しなやかで強靭な意志を持ち、細やかな心遣いと優しさ溢れる美しい方でいらっしゃいました。

人と企業の元気を作る応援団！
社内報は究極の社内コミュニケーションツールです

（株）ナナ・コーポレート・コミュニケーション　代表取締役　**福西　七重**

【プロフィール】
一九四五年東京都三宅島に生まれる。一九六四年（株）リクルート入社。人事、採用、営業企画、社長秘書などを務める。一九七一年（株）リクルート社内報「かもめ」創刊と同時に編集長に就任。一九九六年経団連の経済広報センター主催の第十二回企業広報賞「功労・激励賞」受賞。一九九七年六月フェローとしてリクルート退社。同時に社内報「かもめ」編集長を辞任。一九九七年七月（株）ナナ・コーポレート・コミュニケーションを設立。一九九八年企業のスタッフ部門向け市販誌「月刊総務」（一九六三年創刊）の出版元となり、同誌編集長に就任。二〇〇一年書籍事業（Ｎａｎａブックス）スタート。
http://www.nana-cc.com/

❖ お生まれはどちらでしょうか？

伊豆七島の三宅島で、十人兄弟の末っ子として生まれました。中学校までは三宅島に住んでいましたが、高校から兄や姉のいる東京に出てきました。私が生まれた昭和二十年は終戦の年でしたが、島に住んでいましたので、食糧難の経験もなく、のどかにのんびりとした子ども時代を過ごしました。小さい頃の私は、やんちゃで意地っ張りで、とても元気の良い子どもでした。穏やかな風土のせいか、おおらかでのんきで競争ということを知らずに育ちました。あまりくよくよせずにどんな時でもなんとかなると乗り切ってこられたのは、育った環境も影響しているのかもしれません。

❖ リクルートで二十六年間、社内報を編集してこられて、その実績から「リクルートの母」と呼ばれていらっしゃいますね。

リクルートが創業して四年目に入社しました。当時のリクルートは、学園祭の続きみたいな会社で、堅苦しくなく楽しく仕事ができました。初めは、人事、採用、営業企画、社長秘書などの仕事に携わっておりました。入社した頃は社員数六十名くらいのこぢんまりとした会社でした。社長の江副浩正氏の秘書をしていた時に、「社内報を創刊しようと思うが、やってみないか」と言われました。「リクルートには、プロの編集集団があるのに、なぜ経験の全くない素人の私なのか?」と聞きますと、「あなたは、会社の組織と社員のことをよく知っている。編集技術は後からでもついてくる」と言われたのです。物事をあまり深刻に考えない私は、「なんとかなるかも」と引き受けてしまいました。新しいことを始める時に、きっちり計画を立てて準備万端で始めるタイプと、まずはスタートしてやりながら考えるタイプがありますが、私は後者の典型です。

リクルートの社内報「かもめ」の創刊から六年半は一人で編集してきました。実務は見よう見まねで、取材・原稿執筆・デザイン・校正・校閲・印刷所との交渉・見積もり作りとすべてを一人でやりました。一人でやることは大変な反面、すべて自分の身につきます。これはたとえ会社を辞めても、自分に残る財産です。身についた技術は人から盗まれることはありません。自分のためにと思って仕事をするほうが、パワーが出るものです。リクルートは完全に男女平等で仕事ができましたが、当時の会社は全体としては男性が主流で女性は補助的な仕事しかやらせてもらえませんでした。そんな社会的な状況でしたから、その後編集室に入ってきたメンバーたちには、「とにかく技術を身につけてしまいなさい。会社は辞めたらそこで関係はなくなるけれど、身につけた技術はその人に残ります。だから身につけておいたほうが得ですよ」と言い続けてきました。

❖　社員のひとりひとりのプロフィールを暗記されたそうですが。

人に焦点をあてた社内報作りというコンセプトがありましたから、まだ記憶力がよかったですので（笑）、全社員四百六十一人の差しさわりのないプロフィールを丸暗記しました。

社内報には四つの役割があると考えます。

1. トップの経営方針を社員に公平に伝える（目的の共有）
2. 経営情報をタイムリーに伝える（情報の公開・共有）
3. 刺激を与え、考えさせ、学ばせる（教育・気づきの場）
4. 企業文化や企業風土を育て、継承する（風通しの良い、活力ある風土づくり）

企業は人で成り立っています。ですから企業にとって大切なことはコミュニケーションです。コミュニケーションとは、人と人とが交流しあって、理解しあっていくことで、つながっていく、それがうまくいっている企業は風通しがいいと思います。このコミュニケーションをとるツールの一つが社内報です。

❖ 起業するきっかけは？

二十六年間社内報にかかわってきて、社内報ほど面白い仕事はないだろうと思い、私が社内報を辞める時は会社を辞める時だというくらいに考えていました。リクルートを辞めた時には、少しはのんびりしたいと思ったのです。半年ぐらいオーストラリアに行こうと考えていました。ところが、それまでお付き合いのあった数社の企業さんから、それなら当社の社内報をやってもらえないかという依頼が来ました。断りきれず、（株）ナナ・コーポレート・コミュニケーションを設立することになりました。技術は自分に残るということをまさに実感しました。私が社内報のアウトソーサーの会社を始めると聞いたもとの編集室のメンバーが数人一緒に働きたいと言って入ってきてくれました。

開業当初は、三田の二十四平方メートルほどのワンルームマンションがオフィスで、メンバーで泊り込んで仕事をしたことがよくありました。

❖ 現在の事業内容は？

事業展開に初めから計画を持っていたわけではなく、やりながら少しずつ生まれてきたという感じです。社内報は、その企業の企業文化であり、企業風土であり、企業ブランドです。社内報を見るとその会社の雰囲気がわかります。良い会社には、良い社内報ができますし、逆に良い社内報を作っている会社は、良い会社なんだという意識も生まれてきます。企業のボトムアップの手助けにもなるのではないでしょうか。また、一九九八年に日本で唯一の「月刊総務」という総務専門誌の出版元を引き継いでもらえないかという申し出があり、その出版権を買い取りました。総務は裏方の仕事が多い地味な部門ですが、組織にはなくてはならない部門です。二〇〇一年から「ＳＯＳ総務」という総務業務に役立つ情報を提供する会員制ポータルサイトの運営も始めました。

社員とともに

❖ 書籍出版事業にも取り組んでいらっしゃいますね。

社内報は、お客様のもので、お客様が主体となるものです。自分たちが主体となって動けるものもあったらいいなぁと思って、昔からやりたいと思っていた書籍出版事業に取り組むことにしました。日本の美しい文字文化を大切に残し続けていきたいのです。若いビジネスマン向けのビジネス書を中心に出版していますが、初めて出す本が当社からという作家さんが多くいらっしゃいます。後発でこつこつとやっている出版社としては、新しい作家さんを発掘すること、新しい読者を発掘していくことが大切だと思っています。

❖ これからどんな会社にしていきたいと思われますか？

お客様を大切に思うことは当然のことですが、社員たちがいきいきと働ける会社にしたいと思っています。社員がみんな存分に良い仕事をして、良い結果を残して、ワクワクドキドキ面白がりながら、仕事を好きになっていけるような環境作りをしていきたいですね。その延長上にお客様が喜んでくださることになるわけですから。

当社は、創業時からフルフレックスの勤務体制を採用しています。これは、いつ、どこで、どのような働き方をするかは、本人に任せるという形式です。フレックスのコアタイムがなく、二十四時間どのように使ってもよろしいというような働き方ですが、こう申し上げますと、そんな不思議な会社はないと言われてしまいます。しかし当社はこのフルフレックスで、十一年間うまくやってきています。問題が起きているということもありません。現在社員の中には子育てをしながら働いている人もいます。子育てを中心に考えて家で仕事をしてもいいのです。仕事は、お客様に迷惑をかけないこと、納期どおりにきちんと納めること、クオリティを落とさないことが条件で、それができれば、どこでどのような働き方をしてもかまわないのです。現在女性が七割の会社です。フルフレックス制は女性のために作ったものではないのですが、たまたまそういう結果になっているということです。フルフレックス制で仕事をしていくためには、お互いに信頼しあうこと、そして自己管理・自己責任が取れるということが大切です。

上であろうが下であろうがお互いに言いたいことを言いあえる、正しあえる、認めあえる、風通しの良い、自由度の高い会社であればいいなぁと思っています。

❖ 仕事を離れた時の楽しみはなんでしょうか？

家ではシベリアンハスキーが二匹と、アメリカンショートヘアーなどの猫が八匹、毎日私の帰りを待っています。我が家はワンゲル係数とニャンゲル係数がとても高いのです。以前はシベリアンハスキーが五匹おりましたから、近所では福西の名前は知らなくても、「ハスキーちゃんのお家」として有名でした。どんなに遅くなっても家に帰るのがとても楽しみです。

❖ インタビューを終えて

創業以来コアタイムのないフルフレックス制とは、なんともパラダイスのような会社です。信頼と自己管理・自己責任をもとに風通しの良い働きがいのある職場作り、女性経営者ならではの経営方針のように感じました。技術を身につけた人のおおらかな自信が笑顔の中に輝いていました。

守りたいもの
それは子どもたちの明るい未来です！

NPO法人かものはしプロジェクト　共同代表　村田　早耶香

【プロフィール】
一九八一年東京都に生まれる。二〇〇四年フェリス女学院大学国際交流学部卒業。二〇〇一年子どもの商業的性的搾取に反対する世界会議日本の若者代表。二〇〇二年在学中にNPO法人かものはしプロジェクトを発足させ、代表として活動。二〇〇四年かものはしプロジェクトカンボジア事務所を立ち上げ、子どもたちへのパソコン教室を開始する。同年、NPO法人格を取得し、代表理事に就任。
http://www.kamonohashi-project.net/

❖　村田さんが、カンボジアの児童買春防止のための活動をするきっかけになったことは何でしょうか？

大学時代に初めてカンボジアを訪問し、その際、孤児院に一週間程滞在した時に、とても目がきれいで学習意欲のある子どもたちに出会い、心を奪われました。その子たちと寝食を共にしたことで、生まれた国は違えども兄弟姉妹のように感じていました。しかし、孤児院の所長から子どもたちの笑顔の裏にある事実を知らされました。「あなたが一番仲の良かった十三歳の女の子は、母子家庭で学校にも行けず、お寺でお坊さんの手伝いをしていました。また、十二歳の男の子は、ここに来る前は農夫として重労働をしていました。今は二人とも孤児院に来て学校に通えるようになりました」と所長さんは言っていました。

その後訪れた買春の被害にあった子どもたちのためのセンターでは、六カ月前に売春宿から保護された六歳と十二歳の姉妹に出会いました。六歳で売春ですよ！　ショックでした。センターの所長は「あの子は、農村の貧しい家庭のためにやむをえず売春宿に売られました。でも客をとるのを嫌がったために、電気ショックを与えられながら働かされていたのです。だからここに来た時には、腕に沢山の傷があったのですよ」と言っていました。子どもがそのような状況に置かれなければいけない社会とは、いったい何なのか！　とがくぜんとしました。「このような子どもたちを、これ以上増やしてはいけない！」そう思ったのが児童買春を防止する活動を始めたきっかけです。

❖ ご両親は、村田さんが活動することについて初めから賛成でしたか？

反対でした。活動の大切さは、父親が昔からボランティア活動をしていたため、理解はしてくれましたが、自分の娘があまり治安の良くないカンボジアで活動することは、認めがたかったようです。

私は昔から言い出したら聞かない性格で、両親と進路のことでよくぶつかりました。「親は子どもが自分の守れる範囲外に出てしまうことで心配になる。だからこそ、自分がどれだけ真剣に考えて行動しようとしているかを、きちんと説明する必要がある。誰も、子どもの幸せを願わない親なんていないし、自分の思うように生きてほしいと思わないわけではない」と思い、親が機嫌の良い時に「私はこれにかけてみたいの！　だから、応援して！」って……。最終的にはわかってくれました。

❖　どのようにして、ＮＰＯを立ち上げましたか？

当時フェリス女学院大学に通っていた私と、当時東京大学の学生だった本木、青木とともに立ち上げました。本木、青木は、「社会問題を事業的に解決する『社会起業家』」に共感していまして、自分たちでもそのようなプロジェクトを立ち上げたいと思っていました。その時に、「児童買春問題を解決したい」という思いを持った私と彼らが出会い、児童買春問題を事業的に解決しようとかものはしプロジェクトを誕生させました。

私たちは当時学生でしたから、自分たちの足りない部分を補うために、社会人を入れることにしました。そこで経営コンサルタントなど多くの社会人サポーターの方々から、ビジネスに使われる手法を学び、経営のアドバイスをいただきました。初めの半年間は、「文献調査」「NGOヒアリング」「現地調査」を行い、今の現場の実態を正確に把握し、何をしたら一番効果的なのかを把握しました。その後事業モデルを組み立てていきました。

カンボジアにて

どういう事業をするかが決まったら、それをコンペに出し、ブラッシュアップしていきました。また、NPOの中にIT部門を立ち上げ、WEB製作の仕事をして活動資金を貯めていきました。資金が貯まった二〇〇四年八月に、カンボジアに事務所を立ち上げ、カンボジア人スタッフを雇い、子どもたちへのパソコン教室を開始しました。

カンボジアでの現地調査は大変でした。ほとんど知り合いのいないカンボジアで、慣れない英語でNGOにアポイントメントを取っていきました。「私英語しゃべれない！」とガチャンと受話器を切られることもたびたびでした。今では沢山の協力者がいらっしゃいます。

❖ カンボジアは、一九七〇年代のポル・ポト政権下で、三百万人が虐殺され、行政組織から教育制度、経済活動、生活習慣、都市生活など一切の既存のものが否定され破壊されました。カンボジアの現状はいかがですか？

やはり内戦の時の虐殺が、カンボジアが力をつける上での障害になっています。虐殺で教師、医者、僧侶、伝統舞踊の踊り子など、知識層でリーダーシップの取れる人々が殺されてしまいました。そのため、長年の経験のある優秀な人材が不足しています。内戦のせいで、人々の心は傷つき、ポル・ポト時代を経験している人々は、「人を信用することができない」などのトラウマを抱えている人も少なくありません。しかし、内戦後時間が経ち、都市部は急速に発展してきました。プノンペンは行くたびに新しい建物が建っています。スタッフ雇用の面接をしてみれば、とても優秀な若い世代が沢山出てきて、「カンボジアには優秀な人材がいない」という考えをいい意味で裏切られることもあります。若い優秀な人材は、どんどん育っているようです。

問題は、都市部と農村部で機会の差があるため、都市部と農村部での格差が開き、富める者はより富み、貧しい者はより貧しくなっているという現状があります。この現状を、教育支援や就労支援を行い、全体的に底上げしていく必要があると思います。

❖ かものはしプロジェクトの命名の意味は？

好きな動物の名前からつけました。その後、「カンボジアと日本をかけるはし」と「かものはし」という音が似ているということに気づき、ずっと使う名前になりました。幸いなことに、かものはしという名前は、英語名称が多い国際ＮＧＯの中で、記憶に残りやすいようです。

❖ 具体的な活動はどのようなものですか？

私たちの事業の特徴は、ＮＰＯの中に収益部門があることだと思います。ＩＴ部門が収益をあげ、それがカンボジアでの活動費用や、日本の事務局経費や人件費になっています。一般的なＮＰＯですと、寄付・助成金・会費が主な収益源なのですが、かものはしではＩＴ部門からの収入が七割近くを占めているため、活動がしやすくなっています。

かものはしはカンボジアに子どもたちへのパソコン教室を持っていました。将来的にそこを卒業した子どもたちが、日本からの仕事を受けられるよう考えていました。

また、農村の貧困家庭の親に仕事がないため子どもが売られますので、農村に民芸品工房を作りました。そこで作った製品を、カンボジアの世界遺産を見に来る旅行者向けに販売し、日本でもフェアトレードショップやイベント等で販売しています。これにより、貧困家庭の収入を向上させ、子どもが売られなくてもすむようにしています。女性が働き始めたことで、甥っ子が学校に行けるようになったというケースもありました。

❖ 村田さんは若者の代表として多くの受賞をされていますね。

はい。主だったものでは、二〇〇三年ソーシャルビジネスプランコンテスト STYLE 2003にて、優秀賞受賞。世界銀行が世界中の若者活動家を招いて開催した Youth Development and Peace 2003 に、日本から唯一の若者代表として参加。二〇〇五年日経ＷＯＭＡＮ「ウーマン・オブ・ザ・イヤー 2006 リーダーシップ部門」史上最年少受賞。二〇〇六年日本青年会議所「人間力大賞」参議院議長奨励賞受賞。二〇〇七年国際青年会議所より、ＴＯＹＰ受賞などがあります。

❖ 村田さんが一番伝えたいこととは？

子どもたちへの児童買春の問題は、深刻な人権侵害にもかかわらず、日本の方たちにはまだまだあまり認識されていませんし、支援ももっと必要です。東南アジアで子どもを買う大人の中には日本人もおり、カンボジアの街中でもそれを目的にしている日本人に会うことがあります。この問題は、全く日本にいる私たちと関わりのない問題ではないのです。子どもを苦しめるこの問題が早く解決するように、皆様の力を貸していただきたいと切に願っております。

❖ 村田さんの「思い（夢）」をお聞かせいただけますか？

東南アジアの強制的な児童買春問題がなくなることが夢です。夢は、たとえとても難しいものであっても、まずそうありたいと願わなければ実現はしないと思います。

❖ インタビューを終えて

日本にこんなにまっすぐな心の若者がいてくれた！　ということがなによりも嬉しいことです。村田さんたちが、世界中で今も絶え間なく起こる内外の戦争で一番犠牲になっていく子どもたちへ差し伸べた手の温かさは、きっと彼らの生きる力となっていくことでしょう。純粋な気持ちが起こす行動力の強さを感じました。小さな力が大きな波を起こしていってくれる予感がしています。

システム作りに思いやりを！
お客様の満足と社員の幸せを両立する経営を目指します

（株）ヒューマンシステム　代表取締役　湯野川 恵美

【プロフィール】
福島県福島市に生まれる。福島市立立子山小・中学校、福島県立福島女子高校、東北電子計算機専門学校卒業後、（株）ビッツに入社。一九九〇年（株）システムハーモニーに創業スタッフとして参加。一九九二年九月（株）ヒューマンシステムを設立。一九九四年インターネット試行プロジェクトにＤＡとして参加。二〇〇七年三月日本工業大学専門職大学院技術経営研究科卒業。技術経営修士。二〇〇八年三月より日本工業大学大学院技術経営研究科、客員教授。
http://www.humansystem.com/

❖ 小さい頃はどんなお子さんでしたか？

一月生まれのせいか、何をやってもとろい子でした。キリスト教系の幼稚園に通ったため、今でもどこかで神様が見ていると思うところがあります。かけっこも遅かったですし、扁桃腺炎でよく熱を出す子でした。

勉強では、理科が得意で、中学時代は試験でほとんど間違えた記憶がないくらい。高校時代は、生物部でよく尾瀬や土湯高原の高山植物の写真を撮っていて、花の名前はとてもよく覚えました。

❖ ソフト開発の仕事をしようと思ったのはいつ頃からですか？

高校は女子校で、国立の医大に進めるような成績ではない私は、医大の付属医療専門学校で学費も出る推薦入学の面接を受けましたが、人の生死を見守る仕事につく勇気がなく、面接は散々な状況で、結局コンピュータの学校に入りました。不器用でしたが、なにかものを創る仕事がしたかったのです。そんな時、コンピュータを動かすもとになるプログラムを作るとか、システムを創るというシステムエンジニアの仕事を知り興味を持ちました。プログラムを作り動かす時の息の詰まるような緊張感と出来上がったプログラムが動く時の感動は、プログラムの仕事を離れた今でも忘れられません。

❖ 起業することになったきっかけは？

最初の会社を辞めて独立するという人について、会社を立ち上げるところから経験しました。一年半もしないうちに、その社長が売上を持って事務所を閉めどこかに行ってしまったのです。

しかし、当時は就職氷河期でしたので、私以外のスタッフは仕事が見つからず、一緒に働いてきたスタッフでしたし、技術力があることを知っていましたから、取りあえず食べていければよいと思って会社を始めることにしました。得意とする技術は、これから成長を期待できましたので大きな不安はありませんでした。「働く人が幸せでお客様が喜んでくださる会社、まじめな技術者の楽園を作りたい。それは技術が世間より勝っていれば実現できる」そんなことを漠然と思っていました。

❖ 起業後のご苦労は？

新しいお客様を開拓しようと全く関係のないところの仕事をしてみました。最初に「二カ月後に持ち帰りで仕事を出して単価も上げてあげる」という約束で始めた常駐の仕事が、常駐期間が延びたことに加えて四カ月後には、受注金額を下げると言われて社員に支払う給料よりも少ない金額の仕事になったこともありました。技術だけ勝っていても、営業力や交渉力がなければ世の中で生きていくことは難しいということがつくづく身に染みたのはこの時でした。

❖ 御社の事業についてお話しください。

規模は小さい会社ですが、十一億円を超える売上のほぼ半分が、エンドユーザからいただいた仕事です。残りの約半分も、要件定義や基本設計と呼ばれる形のない要求をITのシステムで実現するところからの仕事で、七割以上がこういった設計からシステムを構築していくまでのシステムインテグレーションの仕事をしております。

ITに関わる仕事は、とても広範囲で、ソフトの開発は大手四社が発注総額の七割を占める寡占状態です。我々は、データベースとインターネットの技術を基盤としてe—ビジネスやさまざまな業務システムの開発に携わってきました。特に人材紹介の分野では、公開企業である紹介会社さんの基幹業務をいくつも担当させていただいており、この分野の業務ノウハウについては多少の自信があります。

❖ 会社を経営するに当たって一番大切にしていることは？

「技術は人を助ける」これは私の思いであり、当社の信念でもあります。

「技術」とは一体何なのかといいますと、人・もの・金・情報は経営資源、この経営資源に労働を加えて付加価値を生み出すのが「技術」です。お客様の満足と社員の幸せを両立させること。そのためには、お客様に付加価値を与える技術を磨き、システム作りに思いやりを持って取り組む豊かな人間性の社員を育てていくことが大切だと思います。

以前、新入社員の説明会でよく話したことに「ハンマーを振るうのは右手。左手はいつも陰

東京ワークライフバランス 2009 認定企業

になって犠牲になる。でも、左手があるからやれる」という本田宗一郎氏の言葉があります。釘を打つ時に釘を押さえる左手をイメージしてください。この押さえがしっかりしていなければ真直ぐにしっかりと釘を打つことはできません。これは当社の価値観の一つでもあります。このヒューマンシステムの価値観に共感できる人を集めて組織化してこそ本当の組織（＝ヒューマンシステム）ができると考えています。一番大切にしているのは、そういう価値観を共有できる社員達と我々を助けてくださる沢山のまわりの方々、そういう人と人との結びつきがなくては、経営はできないと思っています。

❖ 経営のターニングポイントはありましたか？

創業当初は、会計士の先生の指導のもと十億円の会社を目標にして来ました。そうして、十二年目からその目標を達成できましたが、私にとっては、それでも経営というものが何か身近には感じられませんでした。技術力は、確かに上がってきているように思えましたが、プロジェクトが失敗するとすぐに経営に影響する請負形態での受注が多い会社でしたので、どうしたら利益が確保できるのか、どうして最近自分がきついと感じているのかよくわからない漠然とした不安がありました。それでシステムの前にビジネスを創造するという過程から勉強してみようと思いました。当時は、プロジェクトの失敗は上流工程の仕様が確定していないことが大きな理由のように思えたからです。その授業を受けるために必要とされたのがＰ２Ｍというプロジェクトマネジメントだったのです。Ｐ２Ｍを教えてくださった小原重信教授には、いろいろなことを教えていただきましたが、「経営はアートである。画家が数百円の絵の具で数百万円の絵を描くように価値を創造する仕事が経営である」そんなふうに、先生がわかりやすく教えてくださらなかったらずっと経営というものを私は好きにはならなかったと思います。また、これらの考え方を実際の経営や組織、評価と結びつけることで会社の進むべき方向をわかりやすく社員に説明することが少しずつできてきたと思っています。

❖ 大好きな言葉または座右の銘は？

The best way to predict the future is to invent it.
未来を予測する最善の方法はそれを自分で創ること（アラン・ケイ）。

❖ 最近、嬉しかったこと、感動されたことは？

ソフトウエアの開発では、短い納期で規模の大きなプロジェクトというのは、それだけで難しいものです。最近のことですが、そういう難しいプロジェクトの中で担当のマネージャーが「今まで、何度も湯野川さんがトラブルを収集するところに立ち会って一緒にやってきたけれど、自分でやってみてはじめてわかったことが沢山ある。私は今のお客さんが大好きだし、大変だったけどそんなにつらくはなかった。だって自分の仕事だから」と言ってくれました。それまで、トラブルはできるだけ自分が肩代わりしてやることが彼らのために最善だと思っていました。しかし、たとえ多少の問題はあったとしても、ひとりひとりが考えながら成長していくのだと、その社員の言葉とこの仕事から学びました。信頼は、ひとりひとりの社員がお客様に対しての仕事をしっかりと積み重ねていくことで培っていくものだと思います。もっと社員を信頼して責任も一緒に背負ってもらってこそ、ちゃんとした会社になれるのだと教えられました。

❖ 湯野川さんの「思い（夢）」は何でしょうか？ その思いをどうやって実現していこうとお考えですか？

私の夢は、お客様に高い付加価値を提供できる会社にして、ひとりひとりの社員がそれぞれの十年先の夢を描けるような継続的な成長を続けていける組織をみんなで創ること。そのためには、人を育て技術力と品質を創り、お客様への信用を積み上げていくことが大切だと思います。そして成長を続けていくためには、お客様に満足していただける仕事（＝プロジェクト）を社員に経験してもらい、それを次の仕事に繋げていくことができるようにしてあげないといけません。会社は、チームで付加価値の高い仕事を達成することが可能な環境を作ること、そういう環境を提供する、使えるように教育すること、そしてその成果がそれぞれの社員に正しい評価で還元されるしくみを創ることが重要だと考えています。そうすることで、この思いが実現できるのではないかと考えています。

❖ インタビューを終えて

湯野川さんにとっての二〇〇七年は経営者としてのターニングポイントであったようです。お客様の満足とは何かを考える社員の方々が、その中にこそ自分の幸せがあると気づいてくれることを、時には優しく、時には厳しいまなざしで、見守り続けていらっしゃるんですね。

あとがき

八年前、若気の至りとは言えない年で、深い考えもなく勢いだけで言われるがままに、会社をつくってしまいました。そんな会社は長続きするはずがありません。一人企業として四年間やってきましたが、会社である必要性がないと感じ、個人事業に戻ることにしました。その間、中小企業家同友会という経営者の団体で、さまざまな事業の経営者の方々と出会い、経営者として、人として、誠実に取り組んでいる姿に感動を覚えました。「企業は、人なり。人に始まり人に終わる」そんな教訓をいただきました。そこで、ホームページを一新するにあたり、経営者の方々のインタビューを紹介していこうと思い立ちました。新しいホームページは、製作会社の百瀬道子さんから多くの助言をいただき、新しいロゴは片桐敏雄さんにつくっていただき、二〇〇六年の私の誕生日でもある七月八日、植松信保さんを初めとした五名の方々のインタビューからスタートしました。その後、毎月更新し続けて四年、六十名ほどの方々を紹介してきました。

ホームページのタイトルはドリームロード「いいものいい人いい暮らし」と言います。いいものづくり、いいサービスを提供している会社の経営者は、いい人、すなわち素晴らしい人格を持っている人であろうし、またそういう人は、良いライフスタイルを送っているであろうと思って名付けました。恐る恐る始めたインタビューでしたが、一つ一つとても楽しく、時間を忘れて聞き入ってしまいました。私が社員だったら、こんな社長の下で働きたい！ と身体がいくつあっても足りないくらい、感動的なものばかりでした。インタビューを続けていきますと、まさしくその通りであると、われながらいいタイトルをつけたものだと嬉しい思いをしています。

毎回どんなお話が聴けるだろうかと、ワクワクどきどきのインタビューでした。インタビューのたびに、経営者の皆様からいただいたたくさんの感動と学びは私にとって大切な宝物となりました。しかし、文章にまとめるのは毎回悪戦苦闘です。移動の時間や電車の中で録音を何度も聞き、インタビューの感動がよみがえり身体の中で熟成してから、パソコンに向かいます。プロの編集者のような美しい文章でまとめることはできませんが、読者に私の感動が伝わることを大切にしてきました。

「インタビューを読んだ若者が求人に応募してきましたよ」「コピーして新卒採用に使いましたよ」など、さまざまなお言葉をいただくと嬉しくなります。ホームページへのアクセス数が少しずつ増えていくこともとても励みになります。少しでも役に立っていると思うことは、また頑張ろうという気持ちにもさせてくれます。

そんな中で、掲載した経営者の方々の声を本という形にしたいという思いが、だんだん強くなっていきました。実際に出版しようと思い立ったきっかけは、二〇〇七年秋、インタビューがご縁で、北海道の植松電機（株）の植松努さんを東京にお呼びして講演会を企画したときのことです。植松努さんの講演の中でおっしゃった、「思うは招く」という言葉を聞いた時、私は「よし！　本を出そう」と決断しました。植松努さんに本のタイトルに「思うは招く」を使うことをご了解いただきました。何事も思い描き続ければ、それは必ず実現する。素晴らしい言葉です。私はこの言葉に導かれて出版にまでたどり着けた気がします。この本の出版に際し、多くの方々にアドバイスをいただきました。何しろ「本を出版したい！」という思いだけで、では、「どんな本にしたいのか？」と聞かれますと、答えが出ません。そんな状態からの出発でした。そんな私をそばで見ていた方々は、「大丈夫かな？」とハラハラしていたのではないでしょうか。支えてくださった皆様に、あらためてお礼を申し上げます。

このホームページで掲載させていただいた中から、二十七名の経営者の方々のインタビューを再編集しました。中小企業の会社の歴史は、創業者の歴史そのものです。理念は、経営者の心そのものです。第1章は、宇宙開発を通して子供たちに夢とロマンを与え続けている植松努氏、第2章は、創業の熱い夢と思いを具現化する経営者を、第3章では、事業を受け継ぎ、時代の変化に対応しながら新しい道を模索し続ける経営者を、そして第4章では、女性ならではの柔軟さと包容力でしなやかに時代を切り開いている経営者の方々をご紹介しています。業種業態の違いはありますが、底に流れる仕事への情熱、社員・家族・社会に対する深い愛情と責任感に共通したものを感じます。第1章にご紹介した植松努さんの会社（植松電機）に入社した若者は、東京での植松さんの講演を聴き、「この人についていこう！」と入社を決めたそうです。彼は、「宇宙開発に興味があったわけではありません。興味があったのは、植松努さんその人です」と言っていました。経営者への一つの答えをもらったように思いました。

二〇〇八年秋から始まった米国型の金融資本主義が崩壊し、世界は出口の見えない混沌とした状況にあります。ピンチはチャンスかもしれません。今こそ中小企業が主役となり、日本の未来をつくってほしいと願っています。思い描くこと、それは必ず叶います。

掲載させていただいた経営者の皆様、監修をしていただいた立正大学の秦野眞先生、装丁のディレクションをしていただいた片桐敏雄さん、そして、本にするという私の夢を実現してくださった三和書籍の高橋考社長のご協力に心から感謝いたします。

二〇〇九年三月

ドリームロード　桜井　道子

略歴

撮影：植木純生

秦野　眞　（監修）

一九四四年島根県松江市に生まれる。松江北高等学校卒業後、一九六二年四月立命館大学経営学部入学、同大学院経営学研究科修士課程、同博士課程を修了。大学院在学中に経済同友会（京都）に勤務し、立石電気、京都銀行を中心とする会員企業による日本初のベンチャーキャピタルの立ち上げに参画。その後、立命館大学経営学部、大阪工業大学等の講師を経て、一九八〇年四月、立正大学短期大学部の経営史ならびに金融論の担当教員に就任。業績は経営史、金融論、経営学、地域経済論と多様である。一九九八年四月、学内改組に伴い立正大学経営学部に移籍し今日に至る。

現在、立正大学産業経営研究所長、経営学部産学交流員長として、産学官の連携事業の推進に努力する。

桜井　道子　（構成・インタビュー）

一九四七年、東京の下町北千住に生まれる。都立白鴎高校卒業後、大手化学会社にて社内報などを担当。長男出産を機に退社、専業主婦として三人の子どもの育児に追われる。子どもたちが成長し、二〇〇二年二月、勢いのみで起業、二〇〇六年会社を委譲し、個人事業として、企業は人なり「いいものいい人いい暮らし」のＷＥＢサイトの運営を開始する。二〇〇七年から、講師紹介サイト達人一〇〇講「いい人いい技いい話し」の運営を開始。

二〇〇五年頃より、写真に俳句をコーディネートした「写俳」の制作を始める。二〇〇六年、真鍋郁子氏との共書で、俳句・写俳集「百日紅（ひゃくじつこう）」を発行。

ドリームロード「いいものいい人いい暮らし」

http://www.dreamroad.biz/

いいものいい人いい暮らし

思うは招く—未来をつくる社長の言葉

2009年 5月 15日 第1版第1刷発行

編著 桜井道子

発行者 高橋 考

発行所 三和書籍

〒112-0013 東京都文京区音羽2-2-2
TEL 03-5395-4630 FAX 03-5395-4632
sanwa@sanwa-co.com
http://www.sanwa-co.com

印刷／製本 新灯印刷株式会社

乱丁、落丁本はお取り替えいたします。価格はカバーに表示してあります。

ISBN978-4-86251-060-0 C0034

三和書籍の好評図書

Sanwa co.,Ltd.

環境問題アクションプラン 42

意識改革でグリーンな地球に！

地球環境を考える会

四六判　並製　248 頁　定価：1,800 円＋税

●地球温暖化をはじめとする環境悪化は極めて深刻な状況であるのに、国民一般の認識はまだまだ追いついていません。そこで本書では、環境問題の現実をあらためて記述し、それにどう対処すべきかを 42 の具体的なアクションプランとして提案しています。本書の底流には、地球環境に対する個人の意識を変えて、一人ひとりの生き方を見直していくことが必要不可欠だとの考えがあります。表面的な対処で環境悪化を一時的に食い止めても無意味です。大量生産大量消費の社会システムに染まっている個人のライフスタイルを根本から変えなければいけません。

【目次】

第 1 章　今、地球環境に何が起きているのだろうか

第 2 章　地球環境保全についての我が国としての問題―その対応

第 3 章　はじめよう、あなたから！

第 4 章　もっと木を植えよう

第 5 章　我々の生き方を考え直す（先人の知恵に学ぶ）